韓国語で
手帳を
つけてみる

小西明子
Akiko Konishi

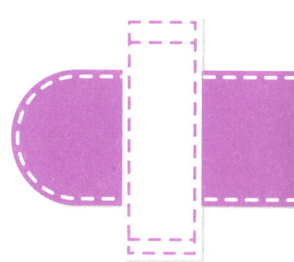

はじめに

안녕하십니까？

　毎年新しい手帳を手にすると、自然に心がキリリとして、古びた決意のホコリを払ってみたり、やってみたいことのあれこれが思い浮かんだりします。手帳を単なるスケジュール帳として使うだけでなく、その日にあったできごとやちょっとした思いを書きこんでいる方も多いようですね。いつでも書きこめていつでも読み返せる手帳ならではの使い方だと思います。

　このどこにでも持ち歩いて毎日目にする手帳を、「韓国語学習のツールにしてしまおう」というのがこの本です。約束の場所や時間、その日にやらなければならないこと、忘れてはいけないことから、読みたい本や映画、買ったもの、その日にあったことや思ったこと……。そんなちょっとしたひとことを韓国語で書いてみませんか？
　韓国語は、日本語と文法が非常によく似ているため、基礎的な文法と発音を覚えれば、あとは語彙力が勝負。毎日の暮らしの中でふっと思いついた単語を韓国語にして書きこむだけでも相当な実力アップにつながるはずです。
　最初のうちは思うように単語が出てこなかったり、メモ書きできるような端的な表現が思い浮かばなかったりして苦戦するかもしれませ

ん。でも、それでいいんです。いや、それがいいのです。そうやって調べたり悩んだりしているうちに、少しずつ積み上がっていくのが語学です。それに自分だけのメモ帳なのですから、わからなければ日本語とチャンポンで書いたっていいのですから！

　本書は、2009年に出版されたいへん評判となった石原真弓先生の『英語で手帳をつけてみる』を元にフランス語、イタリア語、中国語とともにシリーズ化されたものです。「日ごろから触れる機会を増やす」ことが大切であること、手帳に何度も書きこむうちに「身の回りの表現が自然と身につく」という石原先生のご指摘は、英語に限らずすべての言語の学習に通じる秘訣だと思います。
　みなさんが韓国語で彩られた素敵な手帳を1年後に見返すとき、きっとご自身の韓国語力がぐっとアップしているのを実感されることを祈って、そのささやかな手助けに本書を活用していただければ幸いです。

韓国語で手帳をつけてみる ● 目次

はじめに *3*
本書について *11*
韓国語の読みに関して *12*

序章 ● まずはじめに

ひらがな・ハングル対照表	*14*
ハングルで書いてみよう	*16*
住所	*17*
星座	*20*
うまれどし	*21*
付箋に書いて貼っておくと便利な単語	*22*
韓国語で書きこむと手帳がこんな風に	
マンスリータイプ	*24*
ウィークリータイプ	*26*

第1章 ● 手帳で使える単語集

❶	年月日	*28*
❷	曜日	*30*
❸	時間・とき・季節	*32*
❹	年中行事	*35*

❺	日本の祝日	36
❻	イベント・行事	38
❼	予定日	40
❽	記念日	42
❾	天気	44
❿	気候	46
⓫	家族	48
⓬	身近な人々	50
⓭	会社	52
⓮	職業	55
⓯	肩書き	58
⓰	部署	60
⓱	会社での日々	62
⓲	学校での日々	65
⓳	教科	68
⓴	趣味	71
㉑	習いごと	74
㉒	アポイント（プライベート）	76
㉓	アポイント（仕事）	78
㉔	待ち合わせ（場所）	80
㉕	予約	82
㉖	連絡する	84
㉗	銀行	86
㉘	旅行（種類）	88

㉙	旅行（手配）	*90*
㉚	旅行（準備）	*92*
㉛	引っ越し	*94*
㉜	お店	*96*
㉝	ショッピング	*99*
㉞	施設	*102*
㉟	病院	*105*
㊱	症状	*108*
㊲	家	*110*
㊳	家計簿	*113*
㊴	家事	*116*
㊵	パソコン・ネット・メール	*118*
㊶	助数詞	*121*
㊷	助詞	*123*

第2章 ● 構文にあてはめて書いてみる

Part 1　これからのこと

❶	～すること	*126*
❷	～しないこと	*129*
❸	○○に気をつけること	*131*
❹	○○に気を遣うこと	*132*
❺	～したい	*133*

- ❻ 〜してみたい ... *135*
- ❼ ○○になりたい ... *136*
- ❽ 〜たらいいな ... *137*

Part 2　したこと

- ❶ ○○に行った ... *138*
- ❷ 〜しに行った ... *140*
- ❸ ○○をした ... *142*
- ❹ ○○を買った ... *144*
- ❺ ○○を食べた / 飲んだ ... *146*
- ❻ ○○に会った ... *148*
- ❼ ○○にお目にかかった ... *149*
- ❽ ○○をもらった / 受けた ... *150*
- ❾ ○○をもらった / 得た ... *151*
- ❿ ○○をあげた / やった / 与えた / 授けた ... *152*
- ⓫ ○○を差し上げた / 申し上げた ... *153*
- ⓬ 〜してあげた ... *154*
- ⓭ 〜してもらった ... *156*
- ⓮ 〜していただいた ... *158*
- ⓯ 〜させた ... *159*
- ⓰ ○○を作った ... *161*
- ⓱ ○○をなくした ... *163*
- ⓲ ○○をなくしてしまった ... *164*
- ⓳ ○○を見つけた ... *165*

⑳	○○を忘れた	*166*
㉑	○○を忘れてしまった	*167*
㉒	～てしまった	*168*
㉓	○○を楽しんだ	*170*

第3章 ● シーンから探して書いてみる

Part 1　日々のこと

❶	睡眠・起床	*172*
❷	身じたく	*174*
❸	通勤・通学	*175*
❹	職場生活	*176*
❺	学校・勉強	*178*
❻	プライベートタイム	*179*
❼	見たもの・きいたもの・読んだもの	*181*
❽	体調	*182*
❾	ダイエット・健康	*185*
❿	まさかのこと	*186*

Part 2　気持ちや感想

❶	食べ物の感想	*187*
❷	買ったものの感想	*188*
❸	本や映画の感想	*189*
❹	スポーツやイベントの感想	*190*

❺	人物に関する感想（外見）	*191*
❻	人物に関する感想（中身）	*192*
❼	できばえ・結果	*194*
❽	喜怒哀楽	*196*
❾	驚き	*198*
❿	安心・不安	*199*
⓫	後悔	*200*
⓬	残念なできごと	*201*
⓭	うれしいできごと	*202*
⓮	自分への言葉	*204*

● 本書について

本書の構成は次のようになっています。

- 第1章　手帳で使える単語集
- 第2章　構文にあてはめて書いてみる
- 第3章　シーンから探して書いてみる

第1章　では、スケジュールや身の回りのことがらを書きとめておくことができるような単語をテーマ別に挙げました。前後の文章は日本語でも、わかる単語だけは韓国語で書いていくことをお勧めします。

第2章　は、手帳に書きこむ際に使えそうな表現を構文ごとに示しました。本書では活用のしかたや文法の解説をするスペースがありませんが、例としてあげた表現や文章で示した「もう少し詳しく書いてみる」を参考にしながら単語をあてはめていくことで少しずつ表現に慣れていってください。

第3章　は、暮らしの中のシーンごとに、そのシーンで起こりうるできるだけ多様な状況を想定した例文を挙げておきました。表現のバリエーションの参考にしていただければと思います。

● **韓国語の読みに関して**

　本書では、初めて韓国語に接する方や韓国語の学習を始めて間もない方のために、単語にはカタカナで読みをつけてあります。ですが、韓国語は日本語より母音の数も子音の数も多く発音はカタカナでは表現しきれない音があること、発音の変化などがカタカナでは完璧には表現できないことをご理解いただき、カタカナはあくまでも参考とお考えください。

　また、韓国語をカタカナで表記するに際しては、特に定められた法則がないこともご了承ください。本書では、「ル」（ㄹ）「ム」（ㅁ）のように小さい活字を使ってパッチムを表したほか、「자（チャ）」「지（チ）」などが濁音化した場合、「ジャ」「ジ」ではなく「ヂャ」「ヂ」とすることで少しでも原音に近い音を表すよう心がけました。

序章
まずはじめに

● ひらがな・ハングル対照表

あ 아	い 이	う 우	え 에	お 오
か 가/카	き 기/키	く 구/쿠	け 게/케	こ 고/코
が 가	ぎ 기	ぐ 구	げ 게	ご 고
さ 사	し 시	す 스	せ 세	そ 소
ざ 자	じ 지	ず 즈	ぜ 제	ぞ 조
た 다/타	ち 지/치	つ 쓰/쓰	て 데/테	と 도/토
だ 다	ぢ 지	づ 즈	で 데	ど 도
な 나	に 니	ぬ 누	ね 네	の 노
は 하	ひ 히	ふ 후	へ 헤	ほ 호
ば 바	び 비	ぶ 부	べ 베	ぼ 보
ぱ 파	ぴ 피	ぷ 푸	ぺ 페	ぽ 포
ま 마	み 미	む 무	め 메	も 모
や 야		ゆ 유		よ 요
ら 라	り 리	る 루	れ 레	ろ 로
わ 와				を 오
ん ㄴ	っ ㅅ			

| きゃ 갸/캬 | きゅ 규/큐 | きょ 교/쿄 |
| ぎゃ 갸 | ぎゅ 규 | ぎょ 교 |

| しゃ 샤 | しゅ 슈 | しょ 쇼 |
| じゃ 자 | じゅ 주 | じょ 조 |

| ちゃ 자/차 | ちゅ 주/추 | ちょ 조/초 |
| ぢゃ 자 | ぢゅ 주 | ぢょ 조 |

にゃ 냐	にゅ 뉴	にょ 뇨
ひゃ 햐	ひゅ 휴	ひょ 효
びゃ 뱌	びゅ 뷰	びょ 뵤
ぴゃ 퍄	ぴゅ 퓨	ぴょ 표
みゃ 먀	みゅ 뮤	みょ 묘
りゃ 랴	りゅ 류	りょ 료

※か行、た行、きゃ行、ちゃ行は、その文字が語頭にくるときは左側の文字を、語中にくるときは右側の文字を使います。
　例　かながわ　가나가와　　なかの　나카노

※長母音は表記しません。
　例　たろう　다로　　きょうと　교토

※「ん」を表すには、子音の「ㄴ」を使います。
　例　けんじ　겐지　　しんばし　신바시

※促音（小さい「っ」）は、子音の「ㅅ」を使います。
　例　はっとり　핫토리　　ほっかいどう　홋카이도

● ハングルで書いてみよう

성명 [氏名]	누마자와 리나
주소 [住所]	우) [〒] 559-0013
	오사카후 오사카시 수미노에구 미사키 2초메 14번지 8-302
전화 번호 [電話番号]	080 1519 0936
팩스 번호 [ファックス番号]	
휴대폰 번호 [携帯番号]	
메일 주소 〔휴대폰〕 [メールアドレス〔携帯〕]	
이메일 주소 [E-maill アドレス]	
여권 번호 [パスポートナンバー]	
생일 [誕生日]	3월 17일
혈액형 [血液型]	A 형 [型]

● 근무처 [勤務先]

주소 [住所]	우) [〒]
전화 번호 (내선) [メールアドレス〔携帯〕]	
팩스 번호 [ファックス番号]	
이메일 주소 [E-maill アドレス]	

✪ 住所

日本	일본
○○都	○○토 〔ト〕
○○道	○○도 〔ド〕
○○府	○○후 〔フ〕
○○県	○○켄 〔ケン〕
○○区	○○구 〔ク〕
○○市	○○시 〔シ〕
○○郡	○○군 〔グン〕
○○町 (まち)	○○마치 〔マチ〕
○○町 (ちょう)	○○초 〔チョ〕
○○村 (むら)	○○무라 〔ムラ〕 / ○○촌 〔チョン〕
○○村 (そん)	○○손 〔ソン〕 / ○○촌 〔チョン〕
○○丁目	○○초메 〔チョメ〕
○○番地	○○번지 〔ボンヂ〕

北海道	홋카이도
青森県	아오모리켄
岩手県	이와테켄
宮城県	미야기켄
秋田県	아키타켄

山形県	야마가타켄
福島県	후쿠시마켄
茨城県	이바라키켄
栃木県	도치기켄
群馬県	군마켄
埼玉県	사이타마켄
千葉県	지바켄
東京都	도쿄토
神奈川県	가나가와켄
新潟県	니가타켄
富山県	도야마켄
石川県	이시카와켄
福井県	후쿠이켄
山梨県	야마나시켄
長野県	나가노켄
岐阜県	기후켄
静岡県	시즈오카켄
愛知県	아이치켄
三重県	미에켄
滋賀県	시가켄
京都府	교토후
大阪府	오사카후
兵庫県	효고켄

奈良県	나라켄	
和歌山県	와카야마켄	
鳥取県	돗토리켄	
島根県	시마네켄	
岡山県	오카야마켄	
広島県	히로시마켄	
山口県	야마구치켄	
徳島県	도쿠시마켄	
香川県	가가와켄	
愛媛県	에히메켄	
高知県	고치켄	
福岡県	후쿠오카켄	
佐賀県	사가켄	
長崎県	나가사키켄	
熊本県	구마모토켄	
大分県	오이타켄	
宮崎県	미야자키켄	
鹿児島県	가고시마켄	
沖縄県	오키나와켄	

★ 星座

星座	성좌〔ソンヂャ〕/ 별자리〔ピョルチャリ〕
おひつじ座	양자리〔ヤンヂャリ〕
おうし座	황소자리〔ファンソヂャリ〕
ふたご座	쌍둥이자리〔サンドゥンイヂャリ〕
かに座	게자리〔ケヂャリ〕
しし座	사자자리〔サヂャヂャリ〕
おとめ座	처녀자리〔チョニョヂャリ〕
てんびん座	천평자리〔チョンピョンヂャリ〕 / 천칭자리〔チョンチンヂャリ〕
さそり座	전갈자리〔チョンガルヂャリ〕
いて座	사수자리〔サスヂャリ〕/ 궁수자리〔クンスヂャリ〕
やぎ座	산양자리〔サニャンヂャリ〕
みずがめ座	물병자리〔ムルビョンヂャリ〕
うお座	물고기자리〔ムルコギヂャリ〕

うまれどし

うまれどし	띠〔ティ〕
十二支	십이지〔シビヂ〕
ねずみどし	쥐띠〔チュィティ〕
うしどし	소띠〔ソティ〕
とらどし	호랑이띠〔ホランイティ〕
うさぎどし	토끼띠〔トッキティ〕
たつどし	용띠〔ヨンティ〕
みどし	뱀띠〔ペムティ〕
うまどし	말띠〔マルティ〕
ひつじどし	양띠〔ヤンティ〕
さるどし	원숭이띠〔ウォンスンイティ〕
とりどし	닭띠〔タクティ〕
いぬどし	개띠〔ケティ〕
いのししどし	돼지띠〔テヂティ〕

※韓国では「いのししどし（亥）」は「ぶたどし」です。

付箋に書いて貼っておくと便利な単語

必ず — 꼭〔コク〕

至急 — 시급히〔シグッピ〕

緊急 — 긴급〔キングプ〕

優先 — 우선〔ウソン〕

重要 — 중요〔チュンヨ〕

要確認 — 요확인〔ヨファギン〕

要再確認 — 요재확인〔ヨチェファギン〕

【未】 — 【미】〔ミ〕

【済】 — 【필】〔ピル〕

【仮】 — 【임시】〔イムシ〕

まずはじめに

極秘　　　　**극비**〔クッピ〕

忘れるな！　　**잊어버리지 말 것!**
　　　　　　　〔イヂョボリヂ マルコッ〕

絶対に忘れないこと！　**절대 잊어버리지 말 것!**
　　　　　　　　　　　〔チョルテ イヂョボリヂ マルコッ〕

返事待ち　**답변 기다리고 있는 중**
　　　　　〔タッピョン キダリゴ インヌン ヂュン〕

変更の可能性あり　**변경 가능성이 있음**
　　　　　　　　　〔ピョンギョン カヌンソンイ イッスム〕

決定　　**결정**〔キョルチョン〕

未定　　**미정**〔ミヂョン〕

韓国語で書きこむと手帳がこんな風に

マンスリータイプの手帳

〔 3日〕15:00　花見 上野公園
〔 4日〕9:00　月例会議
〔 5日〕〔12日〕〔19日〕
　　　　19:00　韓国語
〔 6日〕18:30　美容院
〔 7日〕マユミ入学式
〔 8日〕〔22日〕18:30　ヨガ
〔 9日〕13:30　メグミと約束
〔13日〕15:00　ベレ社 山口さん
〔14日〕残業
〔15日〕14:00
　　　　プロジェクトチーム打ち合わせ
〔17日〕ショッピング
〔18日〕12:30　歯医者
〔21日〕アキラ9歳誕生日
〔24日〕家族とドライブ
〔25日〕給料
〔26日〕11:00　市川さん 打ち合わせ
〔27日〜28日〕大阪出張
〔30日〕17:30　同窓会

MEMO
4/17　アキラの誕生日プレゼントを買う
　　　誕生日パーティの準備

4月

MON	TUE
4 9:00 월례회의	5 19:00 한국어
11	12 19:00 한국어
18 12:30 치과	19 19:00 한국어
25 월급	26 11:00 이치가와 씨 미팅

まずはじめに

　１ヵ月全体が見渡せるマンスリータイプの手帳。スケジュールを書き込む欄は、それほど大きくないので、覚えた名詞をどんどん韓国語で書いていきましょう。MEMO欄に少し詳しい内容を書くときは、動詞に「기」をつけて名詞形にするといろいろなことが書けます。

　例　プレゼントを買う　선물을 사다. ⇨ 선물 사기.

WED	THU	FRI	SAT	SUN
		1	2	3 15:00 벚꽃놀이 ✿ 우에노 공원
6 18:30 미용실	7 마유미 입학식 ☺	8 18:30 요가 ♡	9 13:30 메구미와 약속!!	10
13 15:00 베레사 야마구치 씨	14 잔업 ㅠㅠ	15 14:00 프로젝트팀 미팅	16	17 ♡쇼핑♪
20	21 아키라 9살 생일 ♥	22 18:30 요가 ♡	23	24 가족과 드라이브
27 ← 오사카	28 출장 →	29	30 17:30 동창회	
	MEMO 4/17 아키라 생일 선물 사기 생일 파티 준비			

ウィークリータイプの手帳

　ウィークリータイプの手帳には、より詳しい内容が書き込めるので、場所の情報や忘れてはいけないことも、できる範囲でよいので韓国語で書いていきましょう。日記風に、その日に行った場所や見たものなどを韓国語で書いておくやり方もありますね。

〔4日〕9:00
　　月例会議（第2会議室）
　　4/2までに資料準備

〔5日〕19:00
　　韓国語教室
　　宿題をすること!!

〔6日〕18:30　美容院

〔7日〕
　　9:00　マユミ入学式
　　18:00　おばあちゃんと食事
　　有給休暇

〔8日〕18:30　ヨガ

〔9日〕13:00
　　新宿西口改札
　　マユミと映画

MEMO

4/7　レストラン予約
Tel）01-2345-6789

4 MON	9:00 월례회의 (제2회의실) 4/2까지 자료 준비
5 TUE	19:00 한국어 교실　숙제 할것!!
6 WED	18:30 미용실
7 THU	9:00 마유미 입학식 ♪ 18:00 할머니와 식사 ♥유급 휴가♥
8 FRI	18:30 요가
9 SAT	13:00 신주쿠 서쪽 개찰구 마유미와 영화
10 SUN	
	4/7 레스토랑 예약 Tel) 01-2345-6789

Chapter 1

手帳で使える単語集

❶ 年月日

2011 년 11 월 21 일 (월)

[2011 年 11 月 21 日(月)]

年

年	년 〔ニョン〕
明治	메이지
大正	다이쇼
昭和	쇼와
平成	헤이세이

月

月	월 〔ウォル〕
1月	1 월 / 일월 〔イロル〕
2月	2 월 / 이월 〔イーウォル〕
3月	3 월 / 삼월 〔サムォル〕
4月	4 월 / 사월 〔サーウォル〕
5月	5 월 / 오월 〔オーウォル〕
6月	6 월 / 유월 〔ユーウォル〕

7月	7 월 / 칠월	〔チロル〕
8月	8 월 / 팔월	〔パロル〕
9月	9 월 / 구월	〔クウォル〕
10月	10 월 / 시월	〔シーウォル〕
11月	11 월 / 십일월	〔シビロル〕
12月	12 월 / 십이월	〔シビーウォル〕

日

日	일	〔イル〕
1日	1 일 / 일일	〔イリル〕
2日	2 일 / 이일	〔イーイル〕
3日	3 일 / 삼일	〔サミル〕
4日	4 일 / 사일	〔サーイル〕
5日	5 일 / 오일	〔オーイル〕
6日	6 일 / 육일	〔ユギル〕
7日	7 일 / 칠일	〔チリル〕
8日	8 일 / 팔일	〔パリル〕
9日	9 일 / 구일	〔クイル〕
10日	10 일 / 십일	〔シビル〕
20日	20 일 / 이십일	〔イーシビル〕
30日	30 일 / 삼십일	〔サムシビル〕

❷ 曜日

> # 3월 셋째 주 월요일

[3月　第 3 月曜日]

月曜日	월요일	〔ウォリョイル〕
火曜日	화요일	〔ファヨイル〕
水曜日	수요일	〔スヨイル〕
木曜日	목요일	〔モギョイル〕
金曜日	금요일	〔クミョイル〕
土曜日	토요일	〔トヨイル〕
日曜日	일요일	〔イリョイル〕

(月)	(월)	〔ウォル〕
(火)	(화)	〔ファ〕
(水)	(수)	〔ス〕
(木)	(목)	〔モク〕
(金)	(금)	〔クム〕
(土)	(토)	〔ト〕
(日)	(일)	〔イル〕

手帳で使える単語集

第1月曜日	첫째 주 월요일 〔チョッチェ チュ ウォリョイル〕
第2月曜日	둘째 주 월요일 〔トゥルチェ チュ ウォリョイル〕
第3月曜日	셋째 주 월요일 〔セッチェ チュ ウォリョイル〕
第4月曜日	넷째 주 월요일 〔ネッチェ チュ ウォリョイル〕

Ⅰ
単語集

❸ 時間・とき・季節

> 오후 5 시 30 분

[午後 5 時 30 分]

時間

時	시	〔シ〕
分	분	〔フン / ブン / プン〕

※前の語の発音によって、분の発音が変化します。

秒	초	〔チョ〕

とき

午前	오전	〔オーヂョン〕
午後	오후	〔オーフ〕
正午	정오	〔チョンオ〕
明け方	새벽	〔セビョク〕
朝	아침	〔アチム〕
昼	낮	〔ナッ〕

夜	밤	〔パム〕
夕方	저녁	〔チョニョク〕
深夜	심야	〔シミャ〕
昨日	어제	〔オヂェ〕
今日	오늘	〔オヌル〕
明日	내일	〔ネイル〕
あさって	모레	〔モレ〕
毎日	매일	〔メーイル〕
平日	평일	〔ピョンイル〕
先週	지난주	〔チナンヂュ〕
今週	이번주	〔イボンヂュ〕
来週	다음주	〔タウムヂュ〕
毎週	매주	〔メヂュ〕
週末	주말	〔チュマル〕
先月	지난달	〔チナンダル〕
今月	이번달	〔イボンダル〕
来月	다음달	〔タウムダル〕
月初	월초	〔ウォルチョ〕
月末	월말	〔ウォルマル〕
去年	작년	〔チャンニョン〕
今年	올해	〔オレ〕

来年	내년	〔ネニョン〕
毎年	매년	〔メーニョン〕
年初	연초	〔ヨンチョ〕
年末	연말	〔ヨンマル〕

季節

季節	계절	〔ケーヂョル〕
四季	사계	〔サーゲ〕
春	봄	〔ポム〕
夏	여름	〔ヨルム〕
秋	가을	〔カウル〕
冬	겨울	〔キョウル〕

❹ 年中行事

14 MON 발렌타인 데이♥
[バレンタインデー]

1月	正月	설 〔ソル〕
2月	バレンタインデー	발렌타인 데이 〔パルレンタイン デイ〕
	節分	세쓰분*
3月	ひな祭り	히나마쓰리*
	ホワイトデー	화이트 데이 〔ファイトゥ デイ〕
	彼岸	히간*
4月	花見	벚꽃놀이 〔ポッコンノリ〕
5月	母の日	어머니날 〔オモニナル〕
6月	父の日	아버지날 〔アボヂナル〕
7月	七夕	칠석 〔チルソク〕
8月	お盆	오본*
9月	彼岸	히간*
	お月見	쓰키미*
10月	ハロウィン	핼로윈 〔ヘルロウィン〕
11月	七五三	시치고산*
12月	クリスマスイブ	크리스마스 이브 〔クリスマス イブ〕
	クリスマス	크리스마스 〔クリスマス〕
	大晦日	대그믐날 〔テグムムナル〕

＊は、該当する年中行事が韓国にないため、日本語の読みをそのままハングルで表記してあります。

❺ 日本の祝日

5 THU	어린이날

[こどもの日]

1月1日	元旦	정월 〔チョンウォル〕
1月第2月曜日	成人の日	성인의 날 〔ソンイネ ナル〕
2月11日	建国記念の日	건국 기념일 〔コングッ キニョミル〕
3月21日ごろ	春分の日	춘분의 날 〔チュンブネ ナル〕
4月29日	昭和の日	쇼와의 날 〔ショワエ ナル〕
5月3日	憲法記念日	헌법 기념일 〔ホンポフ キニョミル〕
5月4日	みどりの日	자연의 날 〔チャヨネ ナル〕
5月5日	こどもの日	어린이날 〔オリニナル〕
7月第3月曜日	海の日	바다의 날 〔パダエ ナル〕
9月第3月曜日	敬老の日	경로의 날 〔キョンノエ ナル〕
9月23日ごろ	秋分の日	추분의 날 〔チュブネ ナル〕
10月第2月曜日	体育の日	체육의 날 〔チェユゲ ナル〕
11月3日	文化の日	문화의 날 〔ムナエ ナル〕

11月23日	勤労感謝の日	근로감사일〔クルロカムサイル〕
12月23日	天皇誕生日	천황 탄신날〔チョナン タンシンナル〕
国民の祝日		국민의 축일〔クンミネ チュギル〕
休日		휴일〔ヒュイル〕
公休日		공휴일〔コンヒュイル〕
連休		연휴〔ヨニュ〕
ゴールデンウィーク		황금 연휴〔ファングム ニョニュ〕
振替休日		대체 휴일〔テチェ ヒュイル〕

❻ イベント・行事

| 1 FRI | 입사식 (9 시~) |

[入社式（9 時〜)]

入学式	입학식 〔イッパクシク〕
始業式	개학식 〔ケハクシク〕
終業式	방학식 〔パンハクシク〕
卒業式	졸업식 〔チョロプシク〕
運動会	체육대회 〔チェユクテフェ〕
文化祭	학교 축제 〔ハッキョ チュクチェ〕
遠足	소풍 〔ソプン〕
授業参観日	학부모 공개수업일 〔ハクブモ コンゲスオムニル〕
見学	견학 〔キョナク〕
同窓会	동창회 〔トンチャンフェ〕
結婚式	결혼식 〔キョロンシク〕
お葬式	장례식 〔チャーンネシク〕
新年会	신년회 〔シンニョネ〕
忘年会	망년회 〔マンニョネ〕
入社式	입사식 〔イプサシク〕

町内会	동네 모임 〔トンネ モイム〕
婦人会	부인회 〔プインフェ〕
バザー	바자 〔パチャ〕
フリーマーケット	플리마켓 〔プルリマケッ〕
お祭り	축제 〔チュクチェ〕
花火大会	불꽃놀이 축제 〔プルコンノリ チュクチェ〕
マラソン大会	마라톤 대회 〔マラトン テフェ〕
盆踊り	본오도리*

❼ 予定日

13 THU 쓰레기 버리는 날 (➡ 타지 않는 쓰레기)

〔ごみ収集日（不燃物）〕

予定日	예정일 〔イェヂョンニル〕
出産予定日	출산 예정일 〔チュルサン イェヂョンニル〕
配達予定日	배달 예정일 〔ペダル イェヂョンニル〕
発売日	발매일 〔パルメイル〕
発行日	발행일 〔パレンニル〕
締め切り日	마감날 〔マガムナル〕
募集締め切り日	모집 마감날 〔モヂプ マガムナル〕
原稿締め切り日	원고 마감날 〔ウォンゴ マガムナル〕
有効期限	유효 기한 〔ユヒョ ギハン〕
パスポートの有効期限	여권 유효 기한 〔ヨックォン ユヒョ ギハン〕
運転免許の有効期限	운전면허 유효 기한 〔ウンヂョンミョノ ユヒョ ギハン〕
運転免許更新	운전면허 갱신 〔ウンヂョンミョノ ケンシン〕
契約更新	계약 갱신 〔ケーヤク ケンシン〕

給料日	월급날	〔ウォルグムナル〕
ボーナス支給日	보너스 받는 날	〔ボノス パンヌン ナル〕
休暇	휴가	〔ヒュガ〕
夏季休暇	여름 휴가	〔ヨルム ヒュガ〕
有給休暇	유급 휴가	〔ユーグァ ヒュガ〕
育児休暇	육아 휴가	〔ユガ ヒュガ〕
ノー残業デー	잔업 안 하는 날	〔チャノァ アナヌン ナル〕
ゴミの収集日	쓰레기 버리는 날	〔スレギ ポリヌン ナル〕

❽ 記念日

18 SUN	기미마사 열다섯번째 생일 ★생일파티★

[キミマサ 15 回目の誕生日　☆誕生日パーティ☆]

記念日	기념일 〔キニョミル〕
結婚記念日	결혼 기념일 〔キョロン キニョミル〕
結婚式	결혼식 〔キョロンシク〕
○○の結婚式	○○ 결혼식 〔○○ キョロンシク〕
結婚○○周年	결혼 ○○주년 〔キョロン ○○チュニョン〕
誕生日	생일 〔センイル〕
誕生日（目上の人）	생신 〔センシン〕
20歳の誕生日	스무 살 생일 〔スム サル センイル〕
12回目の誕生日	열두번째 생일 〔ヨルトゥボンチェ センイル〕
○○の誕生日	○○ 생일 〔○○ センイル〕
命日	기일 〔キイル〕
七回忌（七回目の命日）	일곱번째 기일 〔イルゴッポンチェ キイル〕
創立記念日	창립 기념일 〔チャンニプ キニョミル〕
創立○○周年	창립 ○○주년 〔チャンニプ ○○チュニョン〕

1周年	1 주년 / 일 주년	〔イル チュニョン〕
10周年	10 주년 / 십 주년	〔シプ チュニョン〕
100周年	100 주년 / 백 주년	〔ペク チュニョン〕
1回目	첫번째	〔チョッポンチェ〕
2回目	두번째	〔トゥポンチェ〕
3回目	세번째	〔セーポンチェ〕
4回目	네번째	〔ネーポンチェ〕
5回目	다섯번째	〔タソッポンチェ〕
6回目	여섯번째	〔ヨソッポンチェ〕
7回目	일곱번째	〔イルゴッポンチェ〕
8回目	여덟번째	〔ヨドルポンチェ〕
9回目	아홉번째	〔アホッポンチェ〕
10回目	열번째	〔ヨルポンチェ〕
20回目	스무번째	〔スムポンチェ〕
30回目	서른번째	〔ソルンポンチェ〕
40回目	마흔번째	〔マフンポンチェ〕
50回目	쉰번째	〔シュィンポンチェ〕
60回目	예순번째	〔イェスンポンチェ〕
70回目	일흔번째	〔イルンポンチェ〕
80回目	여든번째	〔ヨドゥンポンチェ〕
90回目	아흔번째	〔アフンポンチェ〕
100回目	백번째	〔ペクポンチェ〕

❾ 天気

8 TUE	비 (하루종일)
9 WED	맑음 뒤 흐림
10 THU	맑음

[雨（一日中）/ 晴れのち曇り / 晴れ]

天気	날씨 〔ナルシ〕
晴れ	맑음 〔マルグム〕
快晴	아주 맑음 〔アヂュ マルグム〕
雲	구름 〔クルム〕
曇り	흐림 〔フリム〕
雨	비 〔ピ〕
にわか雨	소나기 〔ソナギ〕
梅雨	장마 〔チャンマ〕
小雨	가랑비 〔カランビ〕
大雨	큰비 〔クンビ〕
豪雨	호우 〔ホウ〕
ゲリラ豪雨	게릴라 호우 〔ゲリルラ ホウ〕

台風	태풍	〔テプン〕
いなづま	번개	〔ポンゲ〕
雷	천둥	〔チョンドゥン〕
雪	눈	〔ヌーン〕
初雪	첫눈	〔チョンヌーン〕
大雪	대설	〔テソル〕
積雪	적설	〔チョクソル〕
豪雪	폭설	〔ポクソル〕
みぞれ	진눈깨비	〔チンヌンケビ〕
ひょう	우박	〔ウバク〕
黄砂	황사	〔ファンサ〕
注意報	주의보	〔チュイボ〕

❿ 気候

20 SAT 무덥고 습기가 많다 (TT)

[蒸し暑くて湿気が多い]

気候	기후〔キフ〕
涼しい	시원하다〔シウォナダ〕
寒い	춥다〔チュプタ〕
肌寒い	쌀쌀하다〔サルサラダ〕
花冷え	꽃샘추위〔コッセムチュウィ〕
暖かい	따뜻하다〔タットゥッタダ〕
暑い	덥다〔トプタ〕
蒸し暑い	무덥다〔ムドプタ〕
乾燥	건조〔コンヂョ〕
乾燥している	건조하다〔コンヂョハダ〕
季節の変わり目	환절기〔ファンヂョルギ〕
三寒四温	삼한사온〔サマンサーオン〕
風	바람〔パラム〕
春風	봄바람〔ポムパラム〕
強風	강풍〔カンプン〕

弱風	약풍	〔ヤッブン〕
さわやかな風	시원한 바람	〔シウォナン バラム〕
冷たい風	차가운 바람	〔チャガウン バラム〕
気温	기온	〔キオン〕
湿度	습도	〔スプト〕
湿気	습기	〔スプキ〕
気圧	기압	〔キアプ〕
高い	높음	〔ノップム〕
低い	낮음	〔ナヂュム〕
多い	많음	〔マーヌム〕
少ない	적음	〔チョグム〕
強い	강함	〔カンハム〕
弱い	약함	〔ヤッカム〕

⑪ 家族

31 THU 시어머니 생신

[お姑さんの誕生日]

家族	가족〔カヂョク〕
両親（父母）	부모〔プモ〕
お父さん	아버지〔アボヂ〕/ 아빠〔アッパ〕
お母さん	어머니〔オモニ〕/ 엄마〔オンマ〕
兄弟	형제〔ヒョンヂェ〕
姉妹	자매〔チャメ〕
お兄さん（男性から）	형〔ヒョン〕
お兄さん（女性から）	오빠〔オッパ〕
お姉さん（男性から）	누나〔ヌナ〕
お姉さん（女性から）	언니〔オンニ〕
兄、弟	남동생〔ナムドンセン〕
姉、妹	여동생〔ヨドンセン〕
夫	남편〔ナムピョン〕
妻	아내〔アネ〕/ 처〔チョ〕
子ども	아이〔アイ〕

息子	아들〔アドゥル〕
娘	딸〔タル〕
祖父	할아버지〔ハラボヂ〕
祖母	할머니〔ハルモニ〕
外祖父	외할아버지〔ウェハラボヂ〕
外祖母	외할머니〔ウェハルモニ〕
孫	손자〔ソンヂャ〕
実家	친정〔チンヂョン〕
親戚	친척〔チンチョク〕
いとこ	사촌〔サーチョン〕
おじ（父の兄）	큰아버지〔クナボヂ〕
おじ（父の弟）	작은아버지〔チャグナボヂ〕
おば（母の姉妹）	이모〔イモ〕
おば（父の姉妹）	고모〔コモ〕
おい、めい	조카〔チョカ〕
舅	시아버지〔シアボヂ〕
姑	시어머니〔シオモニ〕
岳父	장인〔チャンイン〕
岳母	장모〔チャンモ〕
嫁	며느리〔ミョヌリ〕
婿	사위〔サウィ〕

⑫ 身近な人々

3 TUE 유코 & 유코 남자 친구와 식사

[ユウコ & ユウコの彼氏と食事]

友人	친구 〔チング〕
知人	지인 〔チイン〕
おじさん	아저씨 〔アヂョッシ〕
おばさん	아주머니 〔アヂュモニ〕
奥様	사모님 〔サモニム〕
先生	선생님 〔ソンセンニム〕
師匠	스승님 〔ススンニム〕
先輩	선배 〔ソンベ〕
後輩	후배 〔フーベ〕
同窓生	동창생 〔トンチャンセン〕
上司	상사 〔サンサ〕
部下	부하 〔プハ〕
同僚	동료 〔トンニョ〕
彼女	여자 친구 〔ヨヂャ チング〕
彼氏	남자 친구 〔ナムヂャ チング〕

婚約者	약혼자〔ヤッコンチャ〕
初恋の人	첫사랑〔チョッサラン〕
有名人	유명 인사〔ユーミョン インサ〕
○○さん	○○ 씨〔○○シ〕
大人	어른〔オルン〕
子ども	어린이〔オリニ〕
少年	소년〔ソニョン〕
少女	소녀〔ソニョ〕
青年	청년〔チョンニョン〕
老人	노인〔ノイン〕

⑬ 会社

25 MON 신문사에서 아르바이트 (➡ 29 일까지)

[新聞社でアルバイト（29 日まで）]

出版社	출판사 〔チュルパンサ〕
新聞社	신문사 〔シンムンサ〕
放送局	방송국 〔パンソングㇰ〕
旅行代理店	여행사 〔ヨヘンサ〕
印刷所	인쇄소 〔インスェソ〕
貿易会社	무역회사 〔ムヨッケーサ〕
証券会社	증권회사 〔チュンクォンフェーサ〕
保険会社	보험회사 〔ポホメェーサ〕
建築会社	건축회사 〔コンチュッケーサ〕
製薬会社	제약회사 〔チェヤッケーサ〕
製菓会社	제과회사 〔チェグァフェーサ〕
航空会社	항공회사 〔ハンゴンフェーサ〕
物流会社	물류회사 〔ムㇽリュフェーサ〕
鉄道会社	철도회사 〔チョㇽトフェーサ〕
デザイン事務所	디자인 사무실 〔ティヂャイン サムシㇽ〕

コンサルタント会社	컨설팅 회사	〔コンソルティン フェーサ〕

農業	농업	〔ノンオプ〕
漁業	어업	〔オオプ〕
畜産業	축산업	〔チュクサノプ〕
卸売業	도매업	〔トメオプ〕
小売業	소매업	〔ソメオプ〕
製造業	제조업	〔チェヂョオプ〕
販売業	판매업	〔パンメオプ〕
流通業	유통업	〔ユトンオプ〕
IT産業	IT 산업	〔IT サノプ〕
自動車産業	자동차 산업	〔チャドンチャ サノプ〕
エンターテインメント産業	엔터테인먼트 산업	〔エントテインモントゥ サノプ〕

本社	본사	〔ポンサ〕
支社	지사	〔チサ〕
営業所	영업소	〔ヨンオプソ〕
代理店	대리점	〔テーリジョム〕
関連会社	관련회사	〔クァルリョンフェーサ〕
親会社	모회사	〔モフェーサ〕
子会社	자회사	〔チャフェーサ〕
下請け企業	하청 기업	〔ハチョン キオプ〕

合弁会社	합작회사 〔ハプチャッケーサ〕
外資系企業	외자계 기업 〔ウェヂャゲ キオプ〕
株式会社	주식회사 〔チュシッケーサ〕
有限会社	유한회사 〔ユハンフェーサ〕
法人	법인 〔ポビン〕
非営利団体	비영리단체 〔ピヨンニダンチェ〕

手帳で使える単語集

⑭ 職業

11 WED 디자이너와 신제품 미팅

〔デザイナーと新製品打ち合わせ〕

職業	직업 〔チゴプ〕
会社員	회사원 〔フェサウォン〕
秘書	비서 〔ピソ〕
医者	의사 〔ウィサ〕
看護師（看護婦）	간호사 〔カノサ〕
保育士	보육사 〔ポユクサ〕
教師	교사 〔キョサ〕
教授	교수 〔キョス〕
講師	강사 〔カンサ〕
公務員	공무원 〔コンムウォン〕
政治家	정치가 〔チョンチガ〕
弁護士	변호사 〔ピョノサ〕
判事	판사 〔パンサ〕
警察官	경찰관 〔キョンチャルグァン〕
刑事	형사 〔ヒョンサ〕
警備員	경비원 〔キョンビウォン〕

55

銀行員	은행원 〔ウネンウォン〕
建築家	건축가 〔コンチュッカ〕
大工	목수 〔モクス〕
消防士	소방사 〔ソバンサ〕
救急隊員	구급대원 〔クグプテウォン〕
軍人	군인 〔グニン〕
パイロット	항공기 조종사 〔ハンゴンギ チョヂョンサ〕
客室乗務員	객실 승무원 〔ケクシル スンムウォン〕
運転手	운전 기사 〔ウンヂョン ギサ〕
ホテルマン	호텔리어 〔ホテルリオ〕
プログラマー	프로그래머 〔プログレモ〕
エンジニア	엔지니어 〔エンヂニオ〕
アドバイザー	어드바이저 〔オドゥバイヂャ〕
コンサルタント	컨설턴트 〔コンソルトントゥ〕
ディレクター	디렉터 〔ディレクト〕
写真家	사진 작가 〔サヂン チャッカ〕
作家	작가 〔チャッカ〕
脚本家	극작가 〔ククチャッカ〕
演出家	연출가 〔ヨンチュルガ〕
俳優	배우 〔ペウ〕
マネージャー	매니저 〔メニヂョ〕
助手	조수 〔チョス〕
記者	기자 〔キヂャ〕

ジャーナリスト	저널리스트	〔チョノルリストゥ〕
評論家	평론가	〔ピョンノンガ〕
アナリスト	분석가	〔ブンソッカ〕
司会者	사회자	〔サフェヂャ〕
アナウンサー	아나운서	〔アナウンソ〕
ナレーター	내레이터	〔ネレイト〕
編集者	편집자	〔ピョンヂプチャ〕
料理人	요리사	〔ヨリサ〕
パティシエ	파티시에	〔パティシエ〕
イラストレーター	일러스트레이터	〔イルロストゥレイト〕
芸術家	예술가	〔イェスルガ〕
アーティスト	아티스트	〔アティストゥ〕
画家	화가	〔ファガ〕
音楽家	음악가	〔ウマッカ〕
作詞家	작사가	〔チャクサガ〕
作曲家	작곡가	〔チャッコッカ〕
歌手	가수	〔カス〕
デザイナー	디자이너	〔ティヂャイノ〕
美容師	미용사	〔ミヨンサ〕
理髪師	이발사	〔イバルサ〕
園芸家	원예가	〔ウォニェガ〕
オペレーター	오퍼레이터	〔オポレイト〕

⓯ 肩書き

| 8 MON | 6(수)~8(금)
부장님, 과장님 센다이 출장 |

[6(水)～8(金) 部長、課長仙台出張]

役職	직위 〔チグィ〕
顧問	고문 〔コムン〕
監査	감사 〔カムサ〕
取締役	이사 〔イサ〕
会長	회장 〔フェヂャン〕
社長	사장 〔サヂャン〕
副社長	부사장 〔プサヂャン〕
本部長	본부장 〔ポンブヂャン〕
部長	부장 〔プヂャン〕
課長	과장 〔クァヂャン〕
室長	실장 〔シルチャン〕
係長	계장 〔ケーヂャン〕

※韓国には「係長」という役職はないので、漢字をそのままハングルにしてあります。「係長」にあたる役職は、「チーム長（팀장：ティムヂャン／팀장님：ティムヂャンニム）」。

| 代理 | 대리 〔テーリ〕 |
| 参事 | 참사 〔チャムサ〕 |

副参事	부참사〔プチャムサ〕
参与	참여〔チャミョ〕
主幹	주간〔チュガン〕
主任	주임〔チュイム〕
主査	주사〔チュサ〕
工場長	공장장〔コンチャンチャン〕
店長	점장〔チョムヂャン〕
支店長	지점장〔チヂョムヂャン〕
監督	감독〔カムドク〕
助監督	조감독〔チョガムドク〕
事務職	사무직〔サムヂク〕
技術職	기술직〔キスルチク〕
経営	경영〔キョンヨン〕
正社員	정사원〔チョンサウォン〕
平社員	평사원〔ピョンサウォン〕
派遣	파견사원〔パギョンサウォン〕
パートタイマー	파트타이머〔パトゥタイモ〕
アルバイト	아르바이트〔アルバイトゥ〕
フリーランサー	프리랜서〔プリレンソ〕

I 単語集

⓬ 部署

4 FRI 마케팅부로 이동

[マーケティング部に異動]

部署	부서 〔プソ〕
総務部	총무부 〔チョンムブ〕
人事部	인사부 〔インサブ〕
庶務部	서무부 〔ソムブ〕
法務部	법무부 〔ポンムブ〕
経理部	경리부 〔キョンニブ〕
管理部	관리부 〔クァルリブ〕
営業部	영업부 〔ヨンオプ〕
営業推進部	영업추진부 〔ヨンオプチュヂンブ〕
販売部	판매부 〔パンメブ〕
販売促進部	판매촉진부 〔パンメチョクチンブ〕
マーケティング部	마케팅부 〔マケティンブ〕
事業部	사업부 〔サオップ〕
システム事業部	시스템 사업부 〔システム サオップ〕
ストラテジー事業部	전략 사업부 〔チョルリャク サオップ〕

開発部	개발부 〔ケバルブ〕
研究部	연구부 〔ヨングブ〕
技術部	기술부 〔キスルブ〕
製造部	제조부 〔チェヂョブ〕
資材部	자재부 〔チャヂェブ〕
輸出部	수출부 〔スチュルブ〕
制作部	제작부 〔チェヂャクブ〕
企画部	기획부 〔キフェクブ〕
編集部	편집부 〔ピョンヂップ〕
出版部	출판부 〔チュルパンブ〕
調査部	조사부 〔チョサブ〕
マネジメント部	매니지먼트부 〔メニヂモントゥブ〕
広報部	홍보부 〔ホンボブ〕
宣伝部	선전부 〔ソンヂョンブ〕
カスタマーセンター	고객 센터 〔コゲッ セント〕
秘書室	비서실 〔ピソシル〕
プロジェクトチーム	프로젝트팀 〔プロヂェクトゥティム〕

⑰ 会社での日々

16 SUN 휴일 출근

[休日出勤]

勤務	근무 〔クンム〕
勤務時間	근무 시간 〔クンム シガン〕
出勤	출근 〔チュルグン〕
出勤時間	출근 시간 〔チュルグン シガン〕
退勤	퇴근 〔テーグン〕
退勤時間	퇴근 시간 〔テーグン シガン〕
通勤	통근 〔トングン〕
通勤時間	통근 시간 〔トングン シガン〕
通勤手段	통근 수단 〔トングン スダン〕
入社	입사 〔イプサ〕
退社	퇴사 〔テーサ〕
異動	이동 〔イドン〕
転勤	전근 〔チョングン〕
出張	출장 〔チュルチャン〕
残業	잔업 〔チャノプ〕

| 夜勤 | 야근 〔ヤグン〕 |
| 休日出勤 | 휴일 출근 〔ヒュイル チュルグン〕 |

給料	급료 〔クムニョ〕 / 급여 〔クビョ〕
月給	월급 〔ウォルグプ〕
時給	시급 〔シグプ〕
年俸	연봉 〔ヨンボン〕
ボーナス	보너스 〔ボノス〕
手当て	수당 〔スダン〕
昇進	승진 〔スンヂン〕
懲戒	징계 〔チンゲ〕
訓戒	훈계 〔フンゲ〕
営業成績	영업 성적 〔ヨンオプ ソンチョグ〕
実績	실적 〔シルチョグ〕
経験	경험 〔キョンホム〕

社員	사원 〔サウォン〕
新入社員	신입 사원 〔シニプ サウォン〕
管理職	관리직 〔クァルリヂグ〕
新人	신인 〔シニン〕
ベテラン	베테랑 〔ベテラン〕
労働組合	노동 조합 〔ノドン チョハプ〕
職場	직장 〔チクチャン〕

担当	담당 〔タムダン〕
社員証	사원증 〔サウォンチュン〕
社員教育	사원 교육 〔サウォン キョユク〕
研修	연수 〔ヨンス〕
研修生	연수생 〔ヨンスセン〕
インターン	인턴 〔イントン〕
インターン制度	인턴 제도 〔イントン チェド〕
出荷	출하 〔チュラ〕
納品	납품 〔ナップム〕
納品書	납품서 〔ナップムソ〕
請求書	청구서 〔チョングソ〕
計算書	계산서 〔ケーサンソ〕
見積もり	견적 〔キョンヂョク〕
企画書	기획서 〔キフェクソ〕
書類	서류 〔ソリュ〕
資料	자료 〔チャリョ〕
名刺	명함 〔ミョンハム〕
名刺交換	명함 교환 〔ミョンハム キョファン〕

⑱ 学校での日々

21 THU 와 --! 여름 방학이다 ♪

[わ～～！ 夏休みだ♪]

教育	교육 〔キョユク〕
学校	학교 〔ハッキョ〕
保育園	보육원 〔ポユグォン〕
幼稚園	유치원 〔ユチウォン〕
小学校	초등학교 〔チョドゥンハッキョ〕
中学校	중학교 〔チュンハッキョ〕
高校	고등학교 〔コドゥンハッキョ〕
大学	대학교 〔テハッキョ〕
大学院	대학원 〔テハグォン〕
教室	교실 〔キョシル〕
教科書	교과서 〔キョグァソ〕
宿題	숙제 〔スクチェ〕
1学期	1 학기 / 일 학기 〔イラッキ〕
2学期	2 학기 / 이 학기 〔イーハッキ〕
3学期	3 학기 / 삼 학기 〔サマッキ〕

中間試験	중간 시험 / 중간 고사	[チュンガン シホム] / [チュンガン コサ]
学期末試験	학기말 시험 / 학기말 고사	[ハッキマル シホム] / [ハッキマル コサ]
成績	성적	[ソンヂョク]
成績表	성적표	[ソンヂョクピョ]
内申書	내신서	[ネーシンソ]
単位	학점	[ハクチョム]
春休み	봄 방학	[ポム パンハク]
夏休み	여름 방학	[ヨルム パンハク]
秋休み	가을 방학	[カウル パンハク]
冬休み	겨울 방학	[キョウル パンハク]
学校行事	학교 행사	[ハッキョ ヘンサ]
先生	선생님	[ソンセンニム]
学生	학생	[ハクセン]
委員	위원	[ウィウォン]
課外活動	과외 활동	[クァウェ ファルトン]
部活	특별 활동	[トゥクピョル ファルトン]
サークル	동아리	[トンアリ]
ボランティア	자원 봉사	[チャウォン ボンサ]
PTA	학부모 모임	[ハクプモ モイム]

キャンパス	캠퍼스	〔ケムポス〕
校舎	교사〔キョサ〕/ 학교 건물	〔ハッキョ コンムル〕
校庭	교정〔キョヂョン〕	
	/ 학교 운동장	〔ハッキョ ウンドンチャン〕
廊下	복도	〔ポクト〕
寄宿舎	기숙사	〔キスクサ〕
講堂	강당	〔カンダン〕
体育館	체육관	〔チェユックァン〕
プール	수영장	〔スヨンヂャン〕
グラウンド	운동장	〔ウンドンチャン〕
音楽室	음악 교실	〔ウマッ キョシル〕
実験室	실험실	〔シロムシル〕
調理室	조리실	〔チョリシル〕
給食	급식	〔クプシク〕
お弁当	도시락	〔トシラク〕

⑲ 教科

> 1교시 ➡ 국어
>
> 2교시 ➡ 체육
>
> 3교시 ➡ 영어

[1時限→国語 / 2時限→体育 / 3時限→英語]

教科	교과	〔キョグァ〕
国語	국어	〔クゴ〕
漢文	한문	〔ハンムン〕
古文	고문	〔コムン〕
古典	고전	〔コヂョン〕
現代文	현대문	〔ヒョンデムン〕
書写（書道）	서예	〔ソイェ〕
文法	문법	〔ムンポプ〕
算数	산수	〔サンス〕
数学	수학	〔スハク〕
代数	대수	〔テース〕
幾何	기하	〔キハ〕

図形	도형	〔トヒョン〕
統計	통계	〔トンゲ〕
確率	확률	〔ファンニュル〕
微分	미분	〔ミブン〕
積分	적분	〔チョクブン〕
理科	자연계	〔チャヨンゲ〕
科学	과학	〔クァハク〕
化学	화학	〔ファハク〕
物理	물리	〔ムルリ〕
生物	생물	〔センムル〕
社会	사회	〔サフェ〕
地理	지리	〔チリ〕
歴史	역사	〔ヨクサ〕
日本史	일본 역사	〔イルボン ニョクサ〕
世界史	세계 역사	〔セゲ ヨクサ〕
東洋史	동양사	〔トンヤンサ〕
西洋史	서양사	〔ソヤンサ〕
公民	공민	〔コンミン〕
現代社会	현대 사회	〔ヒョンデ サフェ〕
政治	정치	〔チョンチ〕
経済	경제	〔キョンヂェ〕
倫理	윤리	〔ユルリ〕
英語	영어	〔ヨンオ〕

第二外国語	제2 외국어 〔チェーイーウェグゴ〕
英会話	영어 회화 〔ヨンオ フェファ〕
英文法	영어 문법 〔ヨンオ ムンポプ〕
英文学	영문학 〔ヨンムナク〕
体育	체육 〔チェユク〕
保健	보건 〔ポゴン〕
芸術	예술 〔イェスル〕
音楽	음악 〔ウマク〕
美術	미술 〔ミスル〕
工芸	공예 〔コンイェ〕
家庭	가정 〔カヂョン〕
技術	기술 〔キスル〕
道徳	도덕 〔トドク〕
理系	이과 〔イクァ〕 / 과학계 〔クァハッケ〕
文系	문과 〔ムンクァ〕 / 인문계 〔インムンゲ〕
時間割	시간표 〔シガンピョ〕
○時限（○時間目）	○교시 〔○キョシ〕

⑳ 趣味

22 SUN 야구 구경 세이부 vs 니치하무

[野球見物　西武 vs 日ハム]

趣味	취미 〔チュィミ〕
スポーツ	스포츠 〔スポチュ〕
サッカー	축구 〔チュック〕
フットサル	풋살 〔プッサル〕
野球	야구 〔ヤグ〕
ソフトボール	소프트볼 〔ソフトゥボル〕
バスケットボール	농구 〔ノング〕
バレーボール	배구 〔ベグ〕
ビーチバレー	비치발리볼 〔ビチバルリボル〕
スキー	스키 〔スキ〕
スノーボード	스노보드 〔スノボドゥ〕
スケート	스케이트 〔スケイトゥ〕
カーリング	컬링 〔コルリン〕
ダイビング	다이빙 〔ダイビン〕
サーフィン	서핑 〔ソピン〕
水泳	수영 〔スヨン〕

シンクロナイズドスイミング	싱크로나이즈드 스위밍	[シンクロナイヂュドゥ スウィミン]
体操	체조	[チェヂョ]
新体操	신체조	[シンチェヂョ]
柔道	유도	[ユド]
剣道	검도	[コムド]
合気道	합기도	[ハプキド]
テコンドー	태권도	[テクォンド]
弓道	궁도	[クンド]
相撲	스모	[スモ]
ボクシング	복싱	[ポクシン]
ボウリング	볼링	[ポルリン]
ビリヤード	당구	[タング]
ダーツ	다트	[ダトゥ]
ランニング	러닝	[ロニン]
マラソン	마라톤	[マラトン]
散歩	산책	[サンチェグ]
ハイキング	하이킹	[ハイキン]
サイクリング	사이클링	[サイクルリン]
登山	등산	[トゥンサン]
キャンプ	캠프	[ケンプ]
釣り	낚시	[ナクシ]
囲碁	바둑	[パドゥグ]
将棋	장기	[チャンギ]

手品	마술 〔マスル〕
鑑賞	감상 〔カムサン〕
見物	구경 〔クギョン〕
映画	영화 〔ヨンファ〕
展覧会	전람회 〔チョルラメ〕
音楽会	음악회 〔ウマッケ〕
コンサート	콘서트 〔コンソトゥ〕
ライブ	라이브 〔ライブ〕
演劇	연극 〔ヨングク〕
ミュージカル	뮤지컬 〔ミュジコル〕
オペラ	오페라 〔オペラ〕
音楽鑑賞	음악 감상 〔ウマッ カムサン〕
野球見物	야구 구경 〔ヤグ クギョン〕
裁縫	재봉 〔チェボン〕
編み物	뜨개질 〔トゥゲヂル〕
読書	독서 〔トクソ〕
絵を描くこと	그림 그리기 〔クリム クリギ〕
小説を書くこと	소설 쓰기 〔ソソル スギ〕
食べ歩き	맛있는 것 먹으러 다니기 〔マシンヌンゴッ モグロ タニギ〕
お酒を飲むこと	술 마시기 〔スル マシギ〕
旅行	여행 〔ヨヘン〕
遺跡巡り	유적지 구경 〔ユヂョクチ クギョン〕
花火見物	불꽃놀이 구경 〔プルコンノリ クギョン〕

㉑ 習いごと

26 SAT	리카 발레 교실

[リカ　バレエ教室]

塾	학원 〔ハグォン〕
○○教室	○○교실 〔○○キョシル〕
勉強	공부 〔コンブ〕
レッスン・稽古	연습 〔ヨンスブ〕
韓国語	한국어 〔ハングゴ〕
中国語	중국어 〔チュングゴ〕
料理	요리 〔ヨリ〕
着付け	기모노 입기 〔キモノ イブキ〕
生け花	꽃꽂이 〔コッコヂ〕
茶道	다도 〔タド〕
書道	서예 〔ソイェ〕
ピアノ	피아노 〔ピアノ〕
バイオリン	바이올린 〔バイオルリン〕
コーラス	코러스 〔コロス〕 / 합창 〔ハプチャン〕
三味線	샤미센 〔シャミセン〕

スイミング	수영 〔スヨン〕
バレエ	발레 〔バルレ〕
ゴルフ	골프 〔ゴルプ〕
テニス	테니스 〔テニス〕
ヨガ	요가 〔ヨガ〕
エアロビクス	에어로빅 〔エオロビㄱ〕
フラダンス	훌라춤 〔フルラチュム〕
ベリーダンス	벨리춤 〔ベルリチュム〕
そろばん	주산 〔チュサン〕
レッスン	레슨 〔レスン〕 / 연습 〔ヨンスプ〕
試合	시합 〔シバプ〕

㉒ アポイント（プライベート）

15 FRI	기무라 씨와 런치 (아카사카의 한국요리집)

［木村さんとランチ（赤坂の韓国料理屋）］

約束・アポイント	약속 〔ヤクソク〕
参加	참석 〔チャムソク〕
参加者	참석자 〔チャムソクチャ〕
人数	인원수 〔イノンス〕
○○名	○○명 〔○○ミョン〕
○○○○他○○名	○○○○외 ○○명 〔○○○○ウェ ○○ミョン〕
食事	식사 〔シクサ〕
ランチ	런치 〔ロンチ〕
ディナー	디너 〔ディノ〕
会食	회식 〔フェシク〕
飲み会	술 모임 〔スル モイム〕
一次会	일차 〔イルチャ〕
二次会	이차 〔イーチャ〕
三次会	삼차 〔サムチャ〕

合コン	소개팅〔ソゲティン〕
同窓会	동창회〔トンチャンフェ〕
デート	데이트〔デイトゥ〕
パーティ	파티〔パティ〕

㉓ アポイント（仕事）

> **30 MON** 10 시부터 미팅룸에서 정기 회의
>
> ［10時からミーティングルームで定例会議］

定例会議	정기 회의〔チョンギ フェーイ〕
月例会議	월례 회의〔ウォルレ フェーイ〕
朝礼	조회〔チョフェ〕
打ち合わせ・ミーティング	미팅〔ミティン〕
ランチミーティング	런치 미팅〔ロンチ ミティン〕
商談	상담〔サンダム〕
面接	면접〔ミョンヂョプ〕
訪問	방문〔パンムン〕
来社	내사〔ネサ〕
集合	집합〔チッパプ〕
会議室	회의실〔フェーイシル〕
ミーティングルーム	미팅룸〔ミティンルム〕
応接室	응접실〔ウンヂョプシル〕
ロビー	로비〔ロビ〕

作業場　　　　　　　　작업실 〔チャゴプシル〕

事務所　　　　　　　　사무실 〔サムシル〕

社長室　　　　　　　　사장실 〔サヂャンシル〕

㉔ 待ち合わせ（場所）

7 TUE　18시에 롯폰기역 개찰구

［18時に六本木駅改札口］

改札口	개찰구 〔ケチャルグ〕
東口	동쪽 출구 〔トンチョク チュルグ〕
西口	서쪽 출구 〔ソチョク チュルグ〕
南口	남쪽 출구 〔ナムチョク チュルグ〕
北口	북쪽 출구 〔プクチョク チュルグ〕
中央口	중앙 출구 〔チュンアン チュルグ〕
○番出口	○번 출구 〔○ボン チュルグ／○ポン チュルグ〕

※前の語の発音によって번の発音が変化します。

新幹線ホーム	산칸센 플랫폼 〔シンカンセン プルレッポム〕
○番ホーム	○번 홈 〔○ボン ホム〕
駅前	역 앞 〔ヨガプ〕
駅前広場	역 광장 〔ヨックァンヂャン〕
高速バスターミナル	고속버스 터미널 〔コソクポス トミノル〕
看板前	간판 앞 〔カンパナプ〕
エスカレーター前	에스컬레이터 앞 〔エスコルレイト アプ〕

劇場入り口	극장 입구 〔クッチャン イプク〕
チケット売り場	티켓 파는 곳 〔ティケッ パヌン ゴッ〕
出会いの広場	만남의 장소 〔マンナメ チャンソ〕
案内所	안내소 〔アンネソ〕
受付	접수 창구 〔チョプス チャング〕
ドライブイン・休憩所	휴게소 〔ヒュゲソ〕
交差点	교차로 〔キョチャロ〕

25 予約

2 FRI	레스토랑, 오타 씨 이름으로 예약

[レストラン、太田さんの名前で予約]

予約	예약 〔イェーヤク〕
予約する	예약하다 〔イェーヤッカダ〕
予約締め切り	예약 마감 〔イェーヤン マガム〕
インターネット予約	인터넷 예약 〔イントネッ イェーヤク〕
電話予約	전화 예약 〔チョーナ イェーヤク〕
予約電話	예약 전화 〔イェーヤク チョーナ〕
申し込み	신청 〔シンチョン〕
申し込む	신청하다 〔シンチョンハダ〕
受付番号	신청 번호 〔シンチョン ボノ〕
募集締め切り	모집 마감 〔モヂプ マガム〕
注文	주문 〔チュムン〕
注文する	주문하다 〔チュムナダ〕
注文書	주문서 〔チュムンソ〕
公演	공연 〔コンヨン〕
コンサート	콘서트 〔コンソトゥ〕

イベント	이벤트 〔イベントゥ〕
ショー	쇼 〔ショ〕
講演	강연 〔カンヨン〕
講演会	강연회 〔カンヨネ〕
研究会	연구회 〔ヨングフェ〕
シンポジウム	심포지엄 〔シムポジオム〕
チケット	티켓 〔ティケッ〕
前売券	예매표 〔イェメピョ〕
予約票	예약표 〔イェヤクピョ〕
予約番号	예약 번호 〔イェヤク ボノ〕
料金	요금 〔ヨグム〕
会員料金	회원 요금 〔フェーウォン ニョグム〕
振込み	입금 〔イプクム〕
先払い	선불 〔ソンブル〕

㉖ 連絡する

29 SAT 초대장 150장을 보낼 것!

[招待状150枚を送ること！]

電話	전화〔チョーナ〕
電話する	전화하기〔チョーナハギ〕 / 전화하다〔チョーナハダ〕
メール	메일〔メイル〕
メールを送る	메일 보내기〔メイル ポネギ〕 / 메일을 보내다〔メイルル ポネダ〕
携帯メール	문자〔ムンチャ〕
携帯メールを送る	문자 보내기〔ムンチャ ポネギ〕 / 문자를 보내다〔ムンチャルル ポネダ〕
ファックス	팩스〔ペクス〕
ファックスを送る	팩스 보내기〔ペクス ポネギ〕 / 팩스를 보내다〔ペクスルル ポネダ〕
手紙	편지〔ピョンヂ〕
手紙を書く	편지 쓰기〔ピョンヂ スギ〕 / 편지를 쓰다〔ピョンヂルル スダ〕
手紙を送る	편지 보내기〔ピョンヂ ポネギ〕 / 편지를 보내다〔ピョンヂルル ポネダ〕

はがき	엽서 〔ヨプソ〕
絵はがき	그림 엽서 〔クリム ニョプソ〕
年賀状	연하장 〔ヨナチャン〕
クリスマスカード	크리스마스 카드 〔クリスマス カドゥ〕
招待状（一般）	초대장 〔チョデチャン〕
招待状（結婚式）	초청장 〔チョチョンチャン〕
案内状	안내장 〔アンネチャン〕
お礼状	감사 편지 〔カムサ ピョンヂ〕
メッセージ	메시지 〔メシヂ〕
お祝いメッセージ	축하 메시지 〔チュッカ メシヂ〕

㉗ 銀行

24 TUE 티켓 요금 입금 (예약번호 333-2222)

［チケット料金入金（予約番号 333-2222）］

銀行	은행 〔ウネン〕
支店	지점 〔チヂョム〕
窓口	창구 〔チャング〕
キャッシュカード	현금카드 〔ヒョングムカドゥ〕
キャッシュディスペンサー	현금인출기 〔ヒョングミンチュルギ〕
口座	계좌 〔ケーヂャ〕
口座番号	계좌 번호 〔ケーヂャ ボノ〕
暗証番号	비밀 번호 〔ピミル ボノ〕
入金	입금 〔イプクム〕
入金する	입금하다 〔イプクマダ〕
（お金の）引き出し	인출 〔インチュル〕
（お金を）引き出す	인출하다 〔インチュラダ〕
送金	송금 〔ソングム〕
送金する	송금하기 〔ソングマギ〕 / 송금하다 〔ソングマダ〕

振り込み	입금〔イプクム〕
振り込む	입금하기〔イプクマギ〕 / 입금하다〔イプクマダ〕
引き落とし	자동 납부〔チャドン ナップ〕
支払う	지불하다〔チブラダ〕
利子	이자〔イチャ〕
代金	대금〔テグム〕
料金	요금〔ヨグム〕
手数料	수수료〔ススリョ〕

㉘ 旅行（種類）

17 WED 유럽 여행 (21 일까지)

[ヨーロッパ旅行（21 日まで）]

旅行	여행	〔ヨヘン〕
計画	계획	〔ケーフェク〕
○泊○日	○박○일	〔○パク／○パク○イル〕

※前の数字の発音によって、박の発音が変化します。

海外旅行	해외 여행	〔ヘウェ ヨヘン〕
国内旅行	국내 여행	〔クンネ ヨヘン〕
韓国旅行	한국 여행	〔ハングンニョヘン〕
温泉旅行	온천 여행	〔オンチョニョヘン〕
サマーキャンプ	서머캠프	〔ソモケンプ〕
帰省	귀성	〔クィソン〕
出張	출장	〔チュルチャン〕
ツアー	투어	〔ツゥオ〕
団体旅行	단체 여행	〔タンチェ ヨヘン〕
個人旅行	개인 여행	〔ケイン ヨヘン〕
バックパッカー	배낭 여행	〔ペナン ニョヘン〕

家族旅行　　　　　가족 여행 〔カチョン ニョヘン〕
研修旅行　　　　　연수 여행 〔ヨンス ヨヘン〕
修学旅行　　　　　수학 여행 〔スハン ニョヘン〕
卒業旅行　　　　　졸업 여행 〔チョロム ニョヘン〕

㉙ 旅行（手配）

24 THU 여행사에 전화

[旅行代理店に電話]

手配	수배 〔スベ〕
旅行代理店	여행사 〔ヨヘンサ〕
航空会社	항공 회사 〔ハンゴン フェーサ〕
航空チケット	항공권 〔ハンゴンクォン〕
格安チケット	할인 티켓 〔ハリン ティケッ〕
切符	표 〔ピョ〕
周遊券	일주권 〔イルチュクォン〕
前売り	예매 〔イェメ〕
電話予約	전화 예약 〔チョーナ イェーヤク〕
ネット予約	인터넷 예약 〔イントネッ イェーヤク〕
予約確認書	예약 확인서 〔イェーヤックァギンソ〕
キャンセル	취소 〔チュィソ〕
キャンセル料	취소료 〔チュィソリョ〕
旅行保険	여행 보험 〔ヨヘン ボホム〕
現地通訳	현지 통역 〔ヒョンヂ トンヨク〕

現地ガイド	현지 안내원 〔ヒョンヂ アンネウォン〕
ガイドブック	가이드 북 〔ガイドゥ ブㇰ〕
旅行情報誌	여행 정보지 〔ヨヘン ヂョンボジ〕
旅行情報サイト	여행 정보 사이트 〔ヨヘン ヂョンボ サイトゥ〕
観光案内所	관광안내소 〔クァングァンアンネソ〕

㉚ 旅行（準備）

5 FRI　휴대폰을 미리 로밍

[携帯を前もってローミング]

持って行くもの	가져갈 것 〔カヂョガル コッ〕
準備するもの	준비할 것 〔チュンビハル コッ〕
常備薬	상비약 〔サンビヤク〕
非常食	비상식 〔ピサンシク〕
スーツケース	슈트케이스 〔シュトゥケイス〕
旅行カバン	여행 가방 〔ヨヘン カバン〕
キャリーバッグ	캐리백 〔ケリベク〕
ナップザック	배낭 〔ペナン〕
パスポート	여권 〔ヨックォン〕
ビザ	비자 〔ビヂャ〕
着替え	갈아입을 옷 〔カライブル オッ〕
デジカメ	디지털 카메라 〔ディヂトル カメラ〕
電子辞書	전자 사전 〔チョンヂャ サヂョン〕
変圧器	변압기 〔ビョナプキ〕
地図	지도 〔チド〕

お土産	선물〔ソンムル〕
保険証	보험증〔ポホムチュン〕
両替	환전〔ファンチョン〕
ローミング	로밍〔ロミン〕
時差	시차〔シチャ〕

㉛ 引っ越し

18 SUN 나가노에서 사이타마로 이사

[長野から埼玉に引っ越し]

引っ越し	이사 〔イサ〕
住所変更	주소 변경 〔チュソ ピョンギョン〕
電話番号変更	전화 번호 변경 〔チョーナ ボノ ピョンギョン〕
転入届	전입 신고 〔チョニプ シンゴ〕
転校	전학 〔チョナク〕
転校手続き	전학 수속 〔チョナク スソク〕
編入	편입 〔ピョニプ〕
引っ越し荷物	이삿짐 〔イサッチム〕
荷物整理	짐 정리 〔チム ヂョンニ〕
処分	처분 〔チョブン〕
廃棄	폐기 〔ペギ〕
譲渡	양도 〔ヤンド〕
登記	등기 〔トゥンギ〕

引っ越し屋　　　이삿짐 센터 〔イサッチム セント〕

大家	집주인 〔チプチュイン〕
不動産屋	부동산 〔プドンサン〕 / 복덕방 〔ポクトクパン〕
新聞販売店	신문 판매점 〔シンムン パンメヂョム〕

㉜ お店

6 TUE 손님을 초밥집에 초대

[お客様を寿司屋に招待]

お店	가게 〔カゲ〕
百貨店	백화점 〔ペックァチョム〕
スーパー	슈퍼 〔シュポ〕
コンビニ	편의점 〔ピョニヂョム〕
専門店	전문점 〔チョンムンヂョム〕
ディスカウントショップ	할인점 〔ハリンヂョム〕
ブランドショップ	명품 가게 〔ミョンプム カゲ〕
アクセサリーショップ	액세서리 샵 〔エクセソリ シャプ〕
服屋	옷가게 〔オッカゲ〕
靴屋	구두가게 〔クドゥカゲ〕
眼鏡屋	안경가게 〔アンギョンカゲ〕
カバン屋	가방가게 〔カバンカゲ〕
アウトレット	아울렛 〔アウルレッ〕
ドラッグストア	드러그 스토어 〔ドゥログ ストオ〕
コスメショップ	코스메샵 〔コスメシャプ〕 / 화장품 가게 〔ファヂャンプム カゲ〕

ネイルサロン	네일샵 〔ネイルシャプ〕
ヘアサロン	미용실 〔ミヨンシル〕
エステサロン	에스테 살롱 〔エステ サルロン〕 / 피부 관리실 〔ピブ クァルリシル〕
ペットショップ	애견샵 〔エギョンシャプ〕
花屋	꽃집 〔コッチプ〕
薬局	약국 〔ヤックク〕
クリーニング店	세탁소 〔セータッソ〕
本屋	책방 〔チェクパン〕
書店	서점 〔ソヂョム〕
文房具店	문구점 〔ムングヂョム〕 / 문방구점 〔ムンバングヂョム〕
電化製品店	전자제품점 〔チョンヂャヂェプムヂョム〕
レンタルビデオ屋	비디오 샵 〔ビディオシャプ〕
ネットカフェ	PC방 〔PCバン〕 / 피시방 〔ピシバン〕
カラオケ	노래방 〔ノレバン〕
ゲームセンター	오락실 〔オラクシル〕
商店街	상가 〔サンガ〕
ショッピングモール	쇼핑몰 〔ショピンモル〕
市場	시장 〔シヂャン〕
露店	노점 〔ノヂョム〕
屋台	포장마차 〔ポヂャンマチャ〕

レストラン	레스토랑 〔レストラン〕
ファミリーレストラン	패밀리레스토랑 〔ペミルリレストラン〕
食堂	식당 〔シクタン〕
カフェ	카페 〔カペ〕
ケーキ屋	케이크집 〔ケイクチブ〕
アイスクリーム屋	아이스크림가게 〔アイスクリムカゲ〕
クレープ屋	크레이프가게 〔クレイプカゲ〕
飲み屋	술집 〔スルチブ〕
バー	바 〔バ〕
居酒屋	이자카야 〔イジャカヤ〕
焼肉屋	불고기집 〔プルゴギチブ〕
寿司屋	초밥집 〔チョバプチブ〕
トンカツ屋	돈까쓰집 〔トンカスチブ〕
うどん屋	우동집 〔ウドンチブ〕
蕎麦屋	메밀국수집 〔メミルククスチブ〕
ラーメン屋	라면집 〔ラミョンチブ〕
韓国料理店	한국 요리집 〔ハングン ニョリチブ〕
中国料理店（中華屋）	중국 요리집 〔チュングン ニョリチブ〕

㉝ ショッピング

19 MON 백화점에서 쇼핑

[デパートでショッピング]

ショッピング	쇼핑	[ショピン]
ウインドーショッピング	아이 쇼핑	[アイ ショピン]
購入	구입	[クイプ]
販売	판매	[パンメ]
委託販売	위탁 판매	[ウィタヶ パンメ]
現金	현금	[ヒョングム]
クレジットカード	신용카드	[シニョンカドゥ]
一括払い	일시불	[イルシブル]
分割払い	할부	[ハルブ]
セール	세일	[セイル]
サマーセール	서머 세일	[ソモ セイル]
ウィンターセール	윈터 세일	[ウィント セイル]
オープン10周年セール	오픈 십 주년 세일	[オプン シプ チュニョン セイル]
ガレージセール	거라지 세일 / 창고 세일	[コラヂ セイル] [チャンゴ セイル]

バーゲン	바겐 세일	〔バゲン セイル〕
割引	할인	〔ハリン〕
4割引	40 프로 할인	〔サーシップロ ハリン〕
ポイントカード	포인트 카드	〔ポイントゥ カドゥ〕
ポイント3倍	포인트 세 배	〔ポイントゥ セ ベ〕
包装	포장	〔ポヂャン〕
プレゼント包装	선물 포장	〔ソンムル ポヂャン〕
包装紙	포장지	〔ポヂャンヂ〕
紙袋	종이백	〔チョンイベク〕
ビニール袋	비닐 봉지	〔ビニル ポンヂ〕
箱	상자	〔サンヂャ〕
箱詰め	상자 포장	〔サンヂャ ポヂャン〕
リボン	리본	〔リボン〕
お中元	백중날 선물	〔ペクチュンナル ソンムル〕
お歳暮	연말 선물	〔ヨンマル ソンムル〕
配達・配送	배달	〔ペダル〕
宅配便	택배	〔テクペ〕
バイク便	퀵서비스 / 오토바이 택배	〔クィクソビス〕 〔オトバイ テクペ〕
返品	반품	〔パンプム〕
交換	교환	〔キョファン〕

中古	중고 〔チュンゴ〕
リサイクル	재활용 〔チェファリョン〕
試着	시착 〔シチャク〕
試食	시식 〔シシク〕
売り場	매장 〔メヂャン〕
レジ	계산대 〔ケーサンデ〕
エレベーター	엘리베이터 〔エルリベイト〕
エスカレーター	에스컬레이터 〔エスコルレイト〕
食料品	식품 〔シクプム〕
おそうざい	반찬 〔パンチャン〕
衣料品	의류품 〔ウィリュプム〕
装飾品	장신구 〔チャンシング〕
貴金属	귀금속 〔クィグムソク〕
婦人服	부인복 〔プインボク〕
紳士服	신사복 〔シンサボク〕
子ども服	아동복 〔アドンボク〕
カジュアル	캐주얼 〔ケヂュオル〕
フォーマル	포멀웨어 〔ポモルウェオ〕 / 정장 〔チョンヂャン〕
催事場	행사장 〔ヘンサヂャン〕
レストラン街	식당가 〔シクタンガ〕
屋上	옥상 〔オクサン〕
地下	지하 〔チハ〕

㉞ 施設

3 FRI 경찰서 (운전 면허 갱신)

［警察署（運転免許更新）］

施設	시설 ［シソル］
県庁	현청 ［ヒョンチョン］
市役所	시청 ［シーチョン］
町役場、村役場	동사무소 ［トンサムソ］
電話局	전화국 ［チョナグク］
水道局	수도국 ［スドグク］
ガス会社	가스회사 ［ガスフェサ］
図書館	도서관 ［トソグァン］
公民館	마을회관 ［マウルフェグァン］
警察署	경찰서 ［キョンチャルソ］
交番	파출소 ［パチュルソ］
消防署	소방서 ［ソバンソ］
税務署	세무서 ［セムソ］
銀行	은행 ［ウネン］
郵便局	우체국 ［ウチェグク］

テレビ局	방송국 〔パンソングゥ〕 / TV 방송국 〔TVパンソングゥ〕
ラジオ局	라디오 방송국 〔ラディオ パンソングゥ〕
駅	역 〔ヨゥ〕
停留所	정류장 〔チョンニュチャン〕
バスターミナル	버스 터미널 〔ポス トミノル〕
託児所	탁아소 〔タガソ〕
学童（保育）	어린이 집 〔オリニ チヅ〕
老人ホーム	양로원 〔ヤンノウォン〕
介護施設	개호 시설 〔ケホ シソル〕 / 요양 시설 〔ヨヤン シソル〕
福祉施設	복지 시설 〔ポクチ シソル〕
公園	공원 〔コンウォン〕
寺	절 〔チョル〕
神社	신사 〔シンサ〕
教会	교회 〔キョフェ〕
工場	공장 〔コンヂャン〕
ガソリンスタンド	주유소 〔チュユソ〕
ホテル	호텔 〔ホテル〕
旅館	여관 〔ヨグァン〕
博物館	박물관 〔パンムルグァン〕
美術館	미술관 〔ミスルグァン〕
画廊	화랑 〔ファラン〕

ギャラリー	갤러리 〔ゲルロリ〕
展示会場	전시회장 〔チョンシフェヂャン〕
動物園	동물원 〔トンムロォン〕
植物園	식물원 〔シンムロォン〕
遊園地	유원지 〔ユウォンヂ〕
テーマパーク	테마파크 〔テマパク〕
映画館	영화관 〔ヨンファグァン〕
劇場	극장 〔ククチャン〕
ホール	홀 〔ホル〕

35 病院

12 WED 병원(MRI 검사)

[病院（MRI 検査）]

病院	병원 〔ビョンウォン〕
総合病院	종합병원 〔チョンハッビョンウォン〕
大学病院	대학병원 〔テハクビョンウォン〕
診療所	진료소 〔チルリョソ〕
治療院	치료원 〔チリョウォン〕
保健所	보건소 〔ポゴンソ〕
医師	의사 〔ウィサ〕
看護師	간호사 〔カノサ〕
介護士	개호사 〔ケホサ〕
薬剤師	약제사 〔ヤクジェサ〕 / 약사 〔ヤクサ〕
患者	환자 〔ファンヂャ〕
病室	병실 〔ビョンシル〕
ベッド	침대 〔チムデ〕
面会	면회 〔ミョネ〕
お見舞い	병 문안 〔ビョン ムナン〕

歯科	치과 〔チクァ〕
眼科	안과 〔アンクァ〕
内科	내과 〔ネクァ〕
外科	외과 〔ウェクァ〕
小児科	소아과 〔ソアクァ〕
産婦人科	산부인과 〔サンブインクァ〕
耳鼻咽喉科	이비인후과 〔イビイヌクァ〕
泌尿器科	비뇨기과 〔ビニョギクァ〕
循環器科	순환기과 〔スナンギクァ〕
消化器科	소화기과 〔ソファギクァ〕
脳神経外科	뇌신경외과 〔ヌェシンギョンウェクァ〕
精神神経科	신경정신과 〔シンギョンチョンシンクァ〕
皮膚科	피부과 〔ピブクァ〕
整形外科	정형외과 〔チョンヒョンウェクァ〕
形成外科	성형외과 〔ソンヒョンウェクァ〕
放射線科	방사선과 〔パンサソンクァ〕

入院	입원 〔イブォン〕
退院	퇴원 〔テウォン〕
通院	통원 〔トンウォン〕
外来	외래 〔ウェレ〕
リハビリ	재활 훈련 〔チェファル フルリョン〕
薬物治療	약물 치료 〔ヤンムル チリョ〕

物理療法	물리 요법 〔ムルリ ヨポブ〕 / 물리 치료 〔ムルリ チリョ〕
点滴	링거 주사 〔リンゴ チュサ〕
注射	주사 〔チュサ〕
MRI 検査	MRI 검사 〔MRI コムサ〕
CT スキャン	CT 스캔 〔CT スケン〕 / CT 촬영 〔CT チャリョン〕
内視鏡	내시경 〔ネシギョン〕
レントゲン	X- 레이 〔X-レイ〕
手術	수술 〔ススル〕
帝王切開	제왕 절개 〔チェワン チョルゲ〕

36 症状

17 SAT　감기 증상 (기침·콧물, 열은 없음)

[風邪の症状（咳・鼻水、熱はなし）]

症状	증상 〔チュンサン〕
病状	병상 〔ピョンサン〕
風邪	감기 〔カムギ〕
咳	기침 〔キチム〕
くしゃみ	재채기 〔チェチェギ〕
鼻水	콧물 〔コンムル〕
いびき	코 고는 소리 〔コ ゴヌン ソリ〕
たん	가래 〔カレ〕
悪寒	오한 〔オハン〕
寝汗	식은 땀 〔シグン タム〕
負傷	부상 〔プサン〕
打撲	타박 〔タバク〕
骨折	골절 〔コルチョル〕
凍傷	동상 〔トンサン〕
やけど	화상 〔ファサン〕
痛み	통증 〔トンチュン〕
腹痛	복통 〔ポクトン〕

頭痛	두통 〔トゥトン〕
腰痛	요통 〔ヨトン〕
神経痛	신경통 〔シンギョントン〕
高熱	고열 〔コヨル〕
嘔吐	구토 〔クト〕
下痢	설사 〔ソルサ〕
便秘	변비 〔ピョンビ〕
出血	출혈 〔チュリョル〕
下血	하혈 〔ハヒョル〕
めまい	현기증 〔ヒョンギチュン〕
視野狭窄	시야 협착 〔シヤ ヒョプチャク〕
幻覚	환각 〔ファンガク〕
幻聴	환청 〔ファンチョン〕
耳鳴り	귀울음 〔クィウルム〕
難聴	난청 〔ナンチョン〕
腫れ	붓기 〔プッキ〕
しびれ	저림 〔チョリム〕
かゆみ	가려움 〔カリョウム〕
呼吸困難	호흡 곤란 〔ホフプ コルラン〕
食欲不振	식욕 부진 〔シギョク プチン〕
食欲過多	식욕 과다 〔シギョク クァダ〕
高血圧	고혈압 〔コヒョラプ〕
低血圧	저혈압 〔チョヒョラプ〕
不眠	불면 〔プルミョン〕

㊲ 家

15 SAT 하숙집에 이사

［下宿に引っ越し］

家	집	〔チプ〕
住宅	주택	〔チュテク〕
住居	주거	〔チュゴ〕
アパート	아파트	〔アパトゥ〕
マンション	맨션	〔メンション〕
一戸建て	단독주택	〔タンドクチュテク〕
二階建て（の家）	이층집	〔イーチュンチプ〕
下宿	하숙 〔ハースク〕 / 하숙집 〔ハースクチプ〕	
賃貸	임대	〔イムデ〕
分譲	분양	〔ブニャン〕
玄関	현관	〔ヒョングァン〕
居間	거실	〔コシル〕
寝室	침실	〔チムシル〕
勉強部屋	공부방	〔コンブバン〕

子ども部屋	어린이 방 〔オリニバン〕
書斎	서재 〔ソヂェ〕
台所	부엌 〔プオク〕
トイレ	화장실 〔ファヂャンシル〕
浴室	욕실 〔ヨクシル〕
門	대문 〔テムン〕
庭	마당 〔マダン〕
和室	일본식 방 〔イルボンシク バン〕 / 다다미방 〔タダミバン〕
洋室	서양식 방 〔ソヤンシク バン〕

（玄関の）ドア	현관문 〔ヒョングァンムン〕
（部屋の）ドア	방문 〔バンムン〕
下駄箱	신발장 〔シンバルヂャン〕
食卓	식탁 〔シクタク〕
テーブル	테이블 〔テイブル〕
椅子	의자 〔ウィヂャ〕
ソファ	소파 〔ソパ〕
座布団	방석 〔バンソク〕
テレビ	텔레비전 〔テルレビヂョン〕
冷蔵庫	냉장고 〔ネンヂャンゴ〕
食器	식기 〔シッキ〕
包丁	식칼 〔シッカル〕

まな板	도마	〔トマ〕
レンジ	렌지	〔レンヂ〕
浄水器	정수기	〔チョンスギ〕
洗濯機	세탁기	〔セータッキ〕
乾燥機	건조기	〔コンヂョギ〕
浴槽	욕조	〔ヨクチョ〕
シャワー	샤워	〔シャウォ〕
コンピュータ	컴퓨터	〔コムピュト〕
本棚	책장	〔チェクチャン〕
棚	선반	〔ソンバン〕
物置	창고	〔チャンゴ〕
照明	조명	〔チョミョン〕
車庫	차고	〔チャゴ〕

㊳ 家計簿

10 THU 미카 결혼식 축의금 3 만 엔

[ミカ結婚式　ご祝儀 3 万円]

家計簿	가계부 〔カゲブ〕
支出	지출 〔チチュル〕
収入	수입 〔スイブ〕
合計	합계 〔ハプケ〕
差額	차액 〔チャエク〕
繰越	이월 〔イウォル〕
赤字	적자 〔チョクチャ〕
黒字	흑자 〔フクチャ〕

家賃	집세 〔チプセ〕
契約金	계약금 〔ケーヤックム〕
公共料金	공공 요금 〔コンゴン ニョグム〕
光熱費	광열비 〔クァンヨルビ〕
電気代	전기세 〔チョンギセ〕
水道代	수도 요금 〔スド ヨグム〕
ガス代	가스 요금 〔ガス ヨグム〕

ローン返済	대출금 상환	テチュルグム サンファン
交通費	교통비	キョトンビ
ガソリン代	기름값	キルムカプ
電車代	전철 요금	チョンチョリョグム
バス代	버스 요금	ポス ヨグム
通信費	통신비	トンシンビ
電話代	전화 요금	チョナ ヨグム
インターネット使用料	인터넷 사용료	イントネッ サヨンニョ
視聴料	시청료	シーチョンニョ
食費	식비	シクピ
外食代	외식비	ウェシクピ
教育費	교육비	キョユクピ
学費	학비	ハクピ
給食代	급식비	クプシクピ
教材代	교재비	キョヂェビ
本代	책값	チェッカプ
新聞代	신문 요금	シンムン ニョグム
教養娯楽費	교양 오락비	キョヤン オラクピ
衣服代	의복비	ウィボクピ
医療費	의료비	ウィリョビ
薬代	약값	ヤッカプ
交際費	교제비	キョヂェビ
慶弔費	경조비	キョンヂョビ

ご祝儀	축의금 〔チュギグム〕
香典	부의금 〔ブイグム〕
雑費	잡비 〔チャッピ〕
その他	기타 〔キタ〕
会費	회비 〔フェビ〕
入会金・加入料	가입비 〔カイッピ〕
受講料	수강료 〔スガンニョ〕
保険料	보험료 〔ポホムニョ〕
税金	세금 〔セーグム〕
所得税	소득세 〔ソドゥクセ〕
市民税	시민세 〔シミンセ〕
相続税	상속세 〔サンソクセ〕
お小遣い	용돈 〔ヨントン〕
アルバイト代	아르바이트비 〔アルバイトゥビ〕
給料	급료 〔クムニョ〕 / 급여 〔クビョ〕
月給	월급 〔ウォルグプ〕
年棒	연봉 〔ヨンボン〕
ボーナス	보너스 〔ポノス〕
報酬	보수 〔ポス〕
補助金	보조금 〔ポチョグム〕
確定申告	확정 신고 〔ファクチョン シンゴ〕

㊴ 家事

28 WED 대청소

[大掃除]

家事	가사 〔カサ〕
掃除	청소 〔チョンソ〕
部屋掃除	방 청소 〔パン チョンソ〕
風呂掃除	욕실 청소 〔ヨクシル チョンソ〕
大掃除	대청소 〔テチョンソ〕
窓拭き	창문 닦기 〔チャンムン タッキ〕
洗濯	빨래 〔パルレ〕
洗濯物を干す	빨래 널기 〔パルレ ノルギ〕
洗濯物を取り込む	빨래 걷기 〔パルレ コッキ〕
アイロン	다리미 〔タリミ〕
アイロンがけ	다리미질 〔タリミヂル〕
布団干し	이부자리 말리기 〔イブヂャリ マルリギ〕
手入れ	손질 〔ソンヂル〕
電球の取替え	전구 바꾸기 〔チョング パックギ〕
収納	수납 〔スナプ〕

修理	수리 〔スリ〕
点検	점검 〔チョムゴム〕
炊事	취사 〔チュィサ〕
調理	조리 〔チョリ〕
おかず作り	반찬 만들기 〔パンチャン マンドゥルギ〕
皿洗い	설거지 〔ソルゴヂ〕
買い物	장보기 〔チャンボギ〕
夏服を出す	여름 옷 꺼내기 〔ヨルム オッ コネギ〕
夏服をしまう	여름 옷 집어넣기 〔ヨルム オッ チボノッキ〕
送り迎え	송영 〔ソンヨン〕
ゴミだし	쓰레기 버리기 〔スレギ ポリギ〕
可燃物	타는 쓰레기 〔タヌン スレギ〕
不燃物	타지 않는 쓰레기 〔タジ アンヌン スレギ〕
粗大ゴミ	대형 생활 폐기물 〔テヒョン センファル ペギムル〕
資源ゴミ	자원 쓰레기 〔チャウォン スレギ〕
ビン	병 〔ピョン〕 / 깡통 〔カントン〕
カン	캔 〔ケン〕
ペットボトル	PET 병 〔PET ピョン〕 / 페트병 〔ペットゥピョン〕
リサイクル	재활용 〔チェファリョン〕
お使い	심부름 〔シムブルム〕

㊵ パソコン・ネット・メール

27 THU 트위터를 첫체험

［ツイッターを初体験］

プリンター	프린터 ［プリント］
プリントアウト	인쇄 ［インスェ］ / 프린트아웃 ［プリントゥアウッ］
スキャン	스캔 ［スケン］
ハードディスク	하드 디스크 ［ハドゥ ディスク］
容量	용량 ［ヨンニャン］
モデム	모뎀 ［モデム］
回線	회선 ［フェソン］
USBメモリー	USB 메모리 ［USBメモリ］
ネットサーフィン	인터넷 서핑 ［イントネッ ソピン］
ネットショッピング	인터넷 쇼핑 ［イントネッ ショピン］
楽天	라쿠텐 ［ラクテン］
アマゾン	아마존 ［アマヂョン］
検索	검색 ［コムセク］
検索エンジン	검색 엔진 ［コムセク エンヂン］

手帳で使える単語集

グーグル	구글	〔ググル〕
ヤフー	야후	〔ヤフ〕
ウィキペディア	위키백과	〔ウィキベックァ〕
アドレス	주소	〔チュソ〕
ホームページ	홈페이지	〔ホムペイヂ〕
ブログ	블로그	〔ブルログ〕
ツイッター	트위터	〔トゥウィト〕
ツイート	트윗	〔トゥウィッ〕
フォロー	팔로우	〔パルロウ〕
ユーチューブ	유 튜브	〔ユ テュブ〕
アイチューン	아이 튠	〔アイ テュン〕
ミクシィ	믹시	〔ミクシ〕
マイミク	마이미크	〔マイミク〕
アプリ	어플리케이션	〔オプルリケイション〕
ゲーム	게임	〔ゲイム〕
フェイスブック	페이스 북	〔ペイス ブク〕
ホットメール	핫 메일	〔ハッ メイル〕
マイクロソフト	마이크로소프트	〔マイクロソフトゥ〕
ウインドウズ	윈도우즈	〔ウィンドウヂュ〕
ワード	워드	〔ウォドゥ〕
エクセル	엑셀	〔エクセル〕
パワーポイント	파워 포인트	〔パウォ ポイントゥ〕
アップル	애플	〔エプル〕

I 単語集

イラストレーター	일러스트레이터	〔イルロストゥレイト〕
フォトショップ	포토샵	〔ポトシャプ〕
添付	첨부	〔チョムブ〕
添付ファイル	첨부파일	〔チョムブパイル〕
送信	송신	〔ソンシン〕
受信	수신	〔スシン〕
返信	답신	〔タプシン〕
転送	전송	〔チョンソン〕
ダウンロード	다운로드	〔ダウンロドゥ〕
アップロード	업로드	〔オプロドゥ〕
データ	데이터	〔デイト〕
圧縮	압축	〔アプチュク〕
解凍	압축 풀기	〔アプチュク プルギ〕
画像	이미지	〔イミヂ〕
映像	영상	〔ヨンサン〕
動画	동영상	〔トンヨンサン〕
件名	제목	〔チェモク〕
チャット	채팅	〔チェティン〕

㊶ 助数詞

28 MON 백화점에서 접시 세 장 구입

[デパートでお皿3枚購入]

りんご1個	사과 한 개 [サグァ ハン ゲ]
ビール2杯	맥주 두 잔 [メクチュ トゥ チャン]
牛乳3本	우유 세 병 [ウユ セ ビョン]
ご飯4杯	밥 네 그릇 [パプ ネー グルッ]
お皿5枚	접시 다섯 장 [チョッシ タソッ チャン]
映画1編	영화 한 편 [ヨンファ ハン ピョン]
自動車2台	자동차 두 대 [チャドンチャ トゥ デ]
鉛筆3本	연필 세 자루 [ヨンピル セ チャル]
花4輪	꽃 네 송이 [コッ ネー ソンイ]
子犬5匹	강아지 다섯 마리 [カンアヂ タソン マリ]
電話1通話	전화 한 통화 [チョナ ハン トンファ]
メール2件	메일 두 건 [メイル トゥ ゴン]
手紙3通	편지 세 통 [ピョンヂ セ トン]
雑誌4冊	잡지 네 권 [チャプチ ネー グォン]
新聞5部	신문 다섯 부 [シンムン タソッ プ]

コピー用紙 1 枚	복사 용지 한 장	〔ポクサ ヨンヂ ハン ヂャン〕
お店 2 ヵ所	가게 두 군데	〔カゲ ツゥ グンデ〕
住宅 3 棟	주택 세 채	〔チュテク セ チェ〕
スーツ 4 着	양복 네 벌	〔ヤンボク ネー ボル〕
靴下 5 足	양말 다섯 켤레	〔ヤンマル タソッ キョルレ〕
アルバイト 1 人	아르바이트 한 명	〔アルバイトゥ ハン ミョン〕
試験 2 回	시험 두 번	〔シホム トゥ ボン〕
階段 3 段	계단 세 단	〔ケダン セ ダン〕
注射 4 本	주사 네 대	〔チュサ ネー デ〕
部屋 5 部屋	방 다섯 칸	〔パン タソッ カン〕

㊷ 助詞

16 THU 요시모토 씨에게 전화 (오후 2 시 이후에)

[ヨシモトさんに電話（午後 2 時以降に）]

○○から	○○부터 〔○○プト〕
○○まで	○○까지 〔○○カヂ〕
○○までに	○○까지 〔○○カヂ〕
○○ごろ	○○쯤 〔○○チュム〕
○○以降に	○○ 이후에 〔○○ イフエ〕
○○以前に	○○ 이전에 〔○○ イヂョネ〕
○○時に	○○시에 〔○○シエ〕
○○日に	○○일에 〔○○イレ〕
○○年に	○○년에 〔○○ニョネ〕
○○（場所）で	○○에서 〔○○エソ〕
○○の中で	○○ 안에서 〔○○ アネソ〕
○○の外で	○○ 밖에서 〔○○ パッケソ〕
○○の近くで	○○ 가까이에서 〔○○ カッカイエソ〕

〇〇の隣で	〇〇 옆에서	[〇〇 ヨッペソ]
〇〇の前で	〇〇 앞에서	[〇〇 アッペソ]
〇〇の後ろで	〇〇 뒤에서	[〇〇 トゥィエソ]
〇〇（人）に	〇〇에게	[〇〇エゲ]
〇〇（人）から	〇〇에게서	[〇〇エゲソ]
〇〇に関して	〇〇에 관해서	[〇〇エ クァネソ]
〇〇に対して	〇〇에 대해서	[〇〇エ テヘソ]

Chapter 2

構文にあてはめて書いてみる

PART 1
これからのこと

❶ 〜すること ▶ 〜ㄹ(을) 것

予約すること	예약할 것
申し込みすること	신청할 것
注文すること	주문할 것
入金すること	입금할 것
準備すること	준비할 것
確認すること	확인할 것
送ること	보낼 것
受け取ること	받을 것
買うこと	살 것
売ること	팔 것
借りること	빌릴 것
貸すこと	빌려 줄 것
返すこと	반납할 것
言うこと	말할 것
話すこと	이야기할 것
伝えること	전할 것

メモすること	메모할 것
電話すること	전화할 것
調査すること	조사할 것
待つこと	기다릴 것
飲むこと	마실 것
食べること	먹을 것
叱ること	야단 칠 것
ほめること	칭찬할 것
節約すること	절약할 것
持って行くこと	가져 갈 것
持って来ること	가져 올 것
連れて行くこと	데리고갈 것
連れて来ること	데리고올 것
迎えに行くこと	마중 나갈 것
見送りに行くこと	배웅 갈 것
手伝ってあげること	도와 줄 것
新聞を読むこと	신문을 읽을 것
映画を見ること	영화를 볼 것

時間どおりに行くこと　　제시간에 갈 것

親切にすること　　친절하게 대할 것

厳格にすること　　엄격하게 대할 것

覚えておくこと　　외워 둘 것

チェックしておくこと　　체크해 둘 것

もう少し詳しく書いてみる

村井さんに明日の予定を伝えること。
　무라이 씨에게 내일 스케줄을 전할 것.

食後に必ず薬を飲むこと！
　식후에 꼭 약을 먹을 것!

来るまで待つこと。
　올 때까지 기다릴 것.

教科書を持って行くこと。
　교과서를 가져갈 것.

事前にチェックしておくこと。
　사전에 체크해 놓을 것.

今日できることは今日やること！
　오늘 할 수 있는 일은 오늘 할 것!

❷ ~しないこと → ~지 않을 것

見ないこと	보지 않을 것
言わないこと	말하지 않을 것
おしゃべりをしないこと	수다를 떨지 않을 것
忘れないこと	잊어버리지 않을 것
食べすぎないこと	과식하지 않을 것
飲みすぎないこと	과음하지 않을 것
使いすぎないこと	너무 많이 쓰지 않을 것
遅刻しないこと	지각하지 않을 것
怒らないこと	화내지 않을 것
急がないこと	서두르지 않을 것
怠けないこと	게으름 피지 않을 것
失敗しないこと	실수하지 않을 것
誤解しないこと	오해하지 않을 것
あきらめないこと	포기하지 않을 것
だまされないこと	속지 않을 것
軽く考えないこと	가볍게 생각하지 않을 것

催促しないこと	재촉하지 않을 것
準備を怠らないこと	준비를 게을리 하지 않을 것
スピードを出さないこと	속도를 내지 않을 것
必要のないものを買わないこと	필요 없는 것을 사지 않을 것

もう少し詳しく書いてみる

明日は絶対に遅刻しないこと！
　내일은 절대로 지각하지 않을 것！

韓国語の勉強を怠けないこと。
　한국어 공부를 게으르지 않을 것.

何があってもあきらめないこと！
　무슨 일이 있어도 포기하지 않을 것！

❸ ○○に気をつけること ▶ ○○을 (를) 조심할 것

車に気をつけること	차를 조심할 것
運転に気をつけること	운전을 조심할 것
火に気をつけること	불을 조심할 것
どろぼうに気をつけること	도둑을 조심할 것
行動に気をつけること	행동을 조심할 것
悪い男に気をつけること	나쁜 남자를 조심할 것
忘れないように気をつけること	잊어버리지 않게 조심할 것
風邪を引かないように気をつけること	감기 걸리지 않게 조심할 것

もう少し詳しく書いてみる

急に寒くなってきたから風邪を引かないように気をつけること。
갑자기 추워졌으니까 감기 걸리지 않게 조심할 것.

雨の降っているときは特に運転に注意すること。
비가 내릴 때는 특히 운전을 조심할 것.

❹ ○○に気を遣うこと → ○○에 신경을 쓸 것

身なりに気を遣うこと	옷차림에 신경을 쓸 것
言葉に気を遣うこと	말에 신경을 쓸 것
態度に気を遣うこと	태도에 신경을 쓸 것
健康に気を遣うこと	건강에 신경을 쓸 것
子どもの教育に気を遣うこと	아이 교육에 신경을 쓸 것
社員の待遇に気を遣うこと	사원 대우에 신경을 쓸 것
お客さまのおもてなしに気を遣うこと	손님 대접에 신경을 쓸 것

もう少し詳しく書いてみる

家族の健康に気を遣うこと。
　식구들 건강에 신경을 쓸 것.

面接を受けるときには、言葉にも態度にも身なりにも気を遣うこと。
　면접 볼 때는 말에도 태도에도 옷차림에도 신경을 쓸 것.

❺ ～したい　～고 싶다

彼氏に会いたい。	남자 친구를 만나고 싶다.
休みが取りたい。	휴가를 받고 싶다.
ゆっくり休みたい。	푹 쉬고 싶다.
テレビ番組が見たい。	방송 프로그램을 보고 싶다.
イベントに行きたい。	이벤트에 가고 싶다.
就職したい。	취직하고 싶다.
結婚したい。	결혼하고 싶다.
勉強したい。	공부하고 싶다.
合格したい。	합격하고 싶다.
病院に行きたい。	병원에 가고 싶다.
髪の毛をカットしたい。	머리를 자르고 싶다.
髪の毛を染めたい。	머리를 염색하고 싶다.
買い物がしたい。	쇼핑을 하고 싶다.
ブランドバッグが買いたい。	명품 가방을 사고 싶다.
猫が飼いたい。	고양이를 키우고 싶다.
辛いものが食べたい。	매운 것을 먹고 싶다.

ビールが飲みたい。　　　맥주를 마시고 싶다.

うまくやりとげたい。　　잘 해내고 싶다.

勝ちたい。　　　　　　　이기고 싶다.

もう少し詳しく書いてみる

久しぶりに高校の同級生に会いたい。
　　오랜만에 고등학교 동창을 만나고 싶다.

韓国の伝統音楽を勉強したい。
　　한국의 전통 음악을 공부하고 싶다.

思いっきり買い物がしたい。
　　마음껏 쇼핑을 하고 싶다.

今回のプロジェクトはうまくやりとげたい。
　　이번 프로젝트는 잘 해내고 싶다.

こんな暑い日は冷たいビールが飲みたい。
　　이렇게 더운 날은 시원한 맥주를 마시고 싶다.

❻ 〜してみたい　〜아(어) 보고 싶다

慶州に行ってみたい。	경주에 가 보고 싶다.
韓国料理を食べてみたい。	한국 요리를 먹어 보고 싶다.
味をみてみたい (→食べてみたい)。	한번 맛보고 싶다.
韓国の女優さんに会ってみたい。	한국 여배우를 만나 보고 싶다.
KTXに乗ってみたい。	KTX를 타 보고 싶다.
試験に挑戦してみたい。	시험에 도전해 보고 싶다.
手紙を書いてみたい。	편지를 써 보고 싶다.
プレゼントをしてみたい。	선물을 해 보고 싶다.

もう少し詳しく書いてみる

韓国に行って本格的な宮廷料理を食べてみたい。
　한국에 가서 본격적인 궁중 요리를 먹어 보고 싶다.

ソウルから釜山まで行く夜行列車に乗ってみたい。
　서울에서 부산까지 가는 밤차를 타 보고 싶다.

一生懸命勉強して韓国語能力試験に挑戦してみたい。
　열심히 공부해서 한국어 능력시험에 도전해 보고 싶다.

❼ ○○になりたい　　되고 싶다

弁護士になりたい。	변호사가 되고 싶다.
パイロットになりたい。	비행기 조종사가 되고 싶다.
看護師になりたい。	간호사가 되고 싶다.
通訳になりたい。	통역사가 되고 싶다.
心の温かい人間になりたい。	마음이 따뜻한 사람이 되고 싶다.
あの人の恋人になりたい。	그 사람 애인이 되고 싶다.
うまくなりたい。	잘할 수 있게 되고 싶다.
一人で旅行に行けるようになりたい。	혼자 여행을 할 수 있게 되고 싶다.
わかるようになりたい。	이해할 수 있게 되고 싶다.

もう少し詳しく書いてみる

将来は立派な看護師になりたい。
　장래에는 훌륭한 간호사가 되고 싶다.

韓国語がうまくなりたい。
　한국어를 잘할 수 있게 되고 싶다.

字幕なしで韓国ドラマが理解できるようになりたい。
　자막 없이 한국 드라마를 이해할 수 있게 되고 싶다.

PART 1　これからのこと

⑧ 〜たらいいな　→　〜(으)면 좋겠다

早く来たらいいな。	빨리 왔으면 좋겠다.
雪が降ればいいな。	눈이 내렸으면 좋겠다.
機会があったらいいな。	기회가 있으면 좋겠다.
休講になればいいな。	휴강이 됐으면 좋겠다.
台風が来なければいいな。	태풍이 오지 않았으면 좋겠다.
行けたらいいな。	갈 수 있으면 좋겠다.
合格できたらいいな。	합격할 수 있으면 좋겠다.
会えたらいいな。	만날 수 있으면 좋겠다.
プレゼントをもらえたらいいな。	선물을 받을 수 있으면 좋겠다.

もう少し詳しく書いてみる

誕生日が早く来たらいいな。
　생일이 빨리 왔으면 좋겠다.

クリスマスに初雪が降ればいいな。
　크리스마스에 첫눈이 내렸으면 좋겠다.

無事に試験に合格できたらいいな。
　무사히 시험에 합격할 수 있으면 좋겠다.

PART 2
したこと

❶ ○○に行った　○○에 갔다 / ○○을(를) 갔다

動物園に行った。	동물원에 갔다.
ゴッホ展に行った。	고흐전에 갔다.
ゴルフの練習場に行った。	골프 연습장에 갔다.
大学院に行った。	대학원에 갔다.
企業研修会に行った。	기업 연수회에 갔다.
実家に行った。	친정에 갔다.
ハワイに行った。	하와이에 갔다.
海水浴場に行った。	해수욕장에 갔다.
新婚旅行に行った。	신혼 여행을 갔다.
家の見学に行った。	집 구경을 갔다.
テニスの練習に行った。	테니스 연습을 갔다.
水泳に行った。	수영을 갔다.
韓国出張に行った。	한국 출장을 갔다.

PART 2　したこと

もう少し詳しく書いてみる

パンダを見に動物園に行った。
　판다곰을 보러 동물원에 갔다.

家族でハワイに行った。
　가족끼리 하와이에 갔다.

もっと勉強したくて大学院に行った。
　더 공부하고 싶어서 대학원에 갔다.

早起きして水泳に行った。
　일찍 일어나서 수영을 갔다.

2泊3日で韓国出張に行った。
　2박 3일로 한국출장을 갔다.

❷ 〜しに行った　▶ ～러 (으러) 갔다

ご飯を食べに行った。	밥을 먹으러 갔다.
お酒を飲みに行った。	술을 마시러 갔다.
試験を受けに行った。	시험을 보러 갔다.
友達に会いに行った。	친구를 만나러 갔다.
友達と遊びに行った。	친구와 놀러 갔다.
友達を慰めに行った。	친구를 위로해 주러 갔다.
映画を見に行った。	영화를 보러 갔다.
お墓参りに行った。	성묘하러 갔다.
取材しに行った。	취재하러 갔다.
打ち合わせしに行った。	미팅하러 갔다.
説明しに行った。	설명하러 갔다.
謝りに行った。	사과하러 갔다.
あいさつしに行った。	인사하러 갔다.
洋服を買いに行った。	옷을 사러 갔다.
渡しに行った。	전해 주러 갔다.
申し込みに行った。	신청하러 갔다.

PART 2　したこと

もう少し詳しく書いてみる

会社の同僚とご飯を食べに行った。
　회사 동료와 밥을 먹으러 갔다.

友達とお台場に遊びに行った。
　친구와 오다이바에 놀러 갔다.

たいくつだったので一人で映画を見に行った。
　심심하니까 혼자서 영화를 보러 갔다.

新製品について説明しに行った。
　신제품에 대해 설명하러 갔다.

婚約者のご両親にあいさつしに行った。
　약혼자의 부모님께 인사하러 갔다.

❸ ○○をした　▶ ○○를(을) 했다

ショッピングをした。	쇼핑을 했다.
ジョギングをした。	조깅을 했다.
サイクリングをした。	사이클링을 했다.
デートをした。	데이트를 했다.
キャンプをした。	캠프를 했다.
旅行をした。	여행을 했다.
試験勉強をした。	시험 공부를 했다.
願書提出をした。	원서 제출을 했다.
工場見学をした。	공장 견학을 했다.
作戦会議をした。	작전 회의를 했다.
道案内をした。	길 안내를 했다.
反省をした。	반성을 했다.
感謝をした。	감사를 했다.
入院をした。	입원을 했다.
退院をした。	퇴원을 했다.
お皿を洗った。	설거지를 했다.

もう少し詳しく書いてみる

表参道でショッピングをした。
오모테산도에서 쇼핑을 했다.

一日じゅうデートをした。
하루 종일 데이트를 했다.

箱根に日帰り旅行をした。
하코네로 당일치기 여행을 했다.

学生たちと工場見学をした。
학생들과 공장 견학을 했다.

貧血がひどくて入院をした。
빈혈이 심해서 입원을 했다.

❹ ○○を買った　○○를(을) 샀다

ジーンズを買った。	청바지를 샀다.
デジカメを買った。	디지털 카메라를 샀다.
便せんを買った。	편지지를 샀다.
高級チョコを買った。	고급 초콜릿을 샀다.
ブランドの服を買った。	명품 옷을 샀다.
ネックレスを買った。	목걸이를 샀다.
母へのプレゼントを買った。	어머니 선물을 샀다.
結婚のお祝いを買った。	결혼 선물을 샀다.
中古の家具を買った。	중고 가구를 샀다.
新しいパソコンを買った。	새로운 컴퓨터를 샀다.
かわいい手帳を買った。	귀여운 수첩을 샀다.
DVDを買った。	DVD를 샀다.
カレーの材料を買った。	카레 재료를 샀다.
Tシャツを5枚買った。	티셔츠를 5장 샀다.
2種類の香水を買った。	2종류의 향수를 샀다.

> もう少し詳しく書いてみる

彼氏のために高級チョコを買った。
남자 친구를 위해 고급 초콜릿을 샀다.

母の日のプレゼントにネックレスを買った。
어머니의 날 선물로 목걸이를 샀다.

気に入ってかわいい手帳を1つ買った。
마음에 들어서 귀여운 수첩을 하나 샀다.

チャン・ヒョクが出ているドラマのDVDを買った。
장혁이 나오는 드라마 DVD를 샀다.

会社帰りにスーパーでカレーの材料を買った。
퇴근길에 슈퍼에서 카레 재료를 샀다.

⑤ ○○を食べた / 飲んだ → ○○를(을) 먹었다 / ○○를(을) 마셨다

特製弁当を食べた。	특제 도시락을 먹었다.
コース料理を食べた。	코스 요리를 먹었다.
魚定食を食べた。	생선 정식을 먹었다.
夜食を食べた。	야식을 먹었다.
インド料理を食べた。	인도 요리를 먹었다.
ハンバーガーを食べた。	햄버거를 먹었다.
好きなものだけ食べた。	좋아하는 것만 먹었다.
お茶を飲んだ。	차를 마셨다.
コーヒーを3杯も飲んだ。	커피를 3잔이나 마셨다.
温かい紅茶を飲んだ。	따뜻한 홍차를 마셨다.
冷たいコーラを飲んだ。	시원한 콜라를 마셨다.
楽しいお酒を飲んだ。	신나는 술을 마셨다.
死ぬほどビールを飲んだ。	죽도록 맥주를 마셨다.
ウィスキーを少しずつ飲んだ。	양주를 조금씩 마셨다.
風邪薬を飲んだ。	감기약을 먹었다.

※薬は「마시다（飲む）」ではなく「먹다（食べる）」を使います。

PART 2　したこと

もう少し詳しく書いてみる

母が作ってくれた夜食を食べた。
어머니가 만들어 주신 야식을 먹었다.

とても辛いインド料理を食べた。
아주 매운 인도 요리를 먹었다.

昼食にハンバーガーを食べた。
점심에 햄버거를 먹었다.

友達を待っている間にコーヒーを 3 杯も飲んだ。
친구를 기다리는 동안에 커피를 3 잔이나 마셨다.

食後に風邪薬を飲んだ。
식후에 감기약을 먹었다.

❻ ○○に会った → ○○를(을) 만났다

元カレに会った。	옛남자 친구를 만났다.
高校の同級生に会った。	고등학교 동창을 만났다.
クライアントに会った。	클라이언트를 만났다.
スポンサーに会った。	스폰서를 만났다.
担当者に会った。	담당자를 만났다.
中国のお客さんに会った。	중국 손님을 만났다.
知り合いに会った。	아는 사람을 만났다.

もう少し詳しく書いてみる

道で偶然、高校の同級生に会った。
　　길에서 우연히 고등학교 동창을 만났다.

今度のプロジェクトのクライアントに会った。
　　이번 프로젝트의 클라이언트를 만났다.

映画を見に行ったら知り合いに会った。
　　영화를 보러 갔다가 아는 사람을 만났다.

❼ ○○にお目にかかった　○○를(을) 뵈었다

婚約者のご両親にお目にかかった。	약혼자 부모님을 뵈었다.
先生にお目にかかった。	선생님을 뵈었다.
大学の恩師にお目にかかった。	대학교 은사님을 뵈었다.
会長にお目にかかった。	회장님을 뵈었다.
神父様（牧師様 / 住職様）にお目にかかった。	신부님 (목사님 / 주지스님) 을 뵈었다.

もう少し詳しく書いてみる

子どもの担任の先生にお目にかかった。
　아이 담임 선생님을 뵈었다.

10 年ぶりに大学の恩師にお目にかかった。
　10 년 만에 대학교 은사님을 뵈었다.

会議室で会長にお目にかかった。
　회의실에서 회장님을 뵈었다.

❽ ○○をもらった / 受けた　　○○를(을) 받았다

誕生日のプレゼントをもらった。	생일 선물을 받았다.
お小遣いをもらった。	용돈을 받았다.
ラブレターをもらった。	러브 레터를 받았다.
電話をもらった。	전화를 받았다.
休暇をもらった。	휴가를 받았다.
注文をもらった。	주문을 받았다.
拍手をもらった。	박수를 받았다.
賞賛を受けた（→ほめられた）。	칭찬을 받았다.
賞を受けた。	상을 받았다.

もう少し詳しく書いてみる

親しい友人からお祝いの電話をもらった。
　친한 친구한테 축하 전화를 받았다.

1 週間の休暇をもらった。
　일주일의 휴가를 받았다.

社長にほめられた。
　사장님께 칭찬을 받았다.

❾ ○○をもらった / 得た　　○○를(을) 얻었다

景品をもらった。	경품을 얻었다.
無料宿泊券をもらった。	무료 숙박권을 얻었다.
自信を得た。	자신을 얻었다.
利益を得た。	이익을 얻었다.
名声を得た。	명성을 얻었다.
知識を得た。	지식을 얻었다.
許可を得た。	허가를 얻었다.

もう少し詳しく書いてみる

くじ引きで高級ホテルの無料宿泊券をもらった。
　추첨으로 고급 호텔 무료 숙박권을 얻었다.

難しい仕事をやり終えて自信を得た。
　어려운 일을 다 해내서 자신을 얻었다.

現場で働きながらたくさんの知識を得た。
　현장에서 일하면서 많은 지식을 얻었다.

⑩ ○○をあげた / やった / 与えた / 授けた ○○를(을) 주었다

クリスマスプレゼントをあげた。	크리스마스 선물을 주었다.
お小遣いをあげた。	용돈을 주었다.
お菓子をあげた。	과자를 주었다.
本をあげた。	책을 주었다.
子どもの服をあげた。	아이 옷을 주었다.
金魚にえさをやった。	금붕어에게 먹이를 주었다.
花に水をやった。	꽃에 물을 주었다.
注意を与えた。	주의를 주었다.
賞を授けた。	상을 주었다.

もう少し詳しく書いてみる

孫にお小遣いをあげた。
　손자에게 용돈을 주었다.

誕生日のプレゼントに絵本をあげた。
　생일 선물로 그림책을 주었다.

後輩に注意を与えた。
　후배에게 주의를 주었다.

⓫ ○○を差し上げた / 申し上げた ○○를(을) 드렸다

贈り物を差し上げた。	선물을 드렸다.
手紙を差し上げた。	편지를 드렸다.
電話を差し上げた。	전화를 드렸다.
お茶を差し上げた。	차를 드렸다.
あいさつを申し上げた。	인사를 드렸다.
お話し申し上げた。	말씀을 드렸다.

もう少し詳しく書いてみる

感謝の意味で贈り物を差し上げた。
　감사의 뜻으로 선물을 드렸다.

両親にいちばん先に電話を差し上げた。
　부모님께 제일 먼저 전화를 드렸다.
　※両親に対しても敬語を使います。

先生に詳しくお話し申し上げた。
　선생님께 자세히 말씀드렸다.

⑫ ～してあげた　～아/어 주셨다

宿題を見てあげた。	숙제를 봐 줬다.
お茶を淹れてあげた。	차를 끓여 줬다.
お弁当を作ってあげた。	도시락을 싸 줬다.
一緒に行ってあげた。	같이 가 줬다.
絵本を読んであげた。	그림책을 읽어 줬다.
案内してあげた。	안내해 줬다.
説明してあげた。	설명해 줬다.
教えてあげた。	가르쳐 줬다.
渡してあげた。	건네 줬다.
誤字を直してあげた。	오타를 고쳐 줬다.
文章を修正してあげた。	문장을 수정해 줬다.
ごちそうしてあげた。	밥을 사 줬다.
買ってあげた。	사 줬다.
プレゼントしてあげた。	선물해 줬다.
電話をしてあげた。	전화를 해 줬다.
見学させてあげた。	구경 시켜 줬다.

もう少し詳しく書いてみる

地下鉄の駅まで一緒に行ってあげた。
지하철역까지 같이 가 줬다.

韓国の友達を国立劇場に案内してあげた。
한국 친구를 국립극장으로 안내해 줬다.

日本のあいさつの言葉を教えてあげた。
일본 인사말을 가르쳐 줬다.

うれしかったので弟に夕食をごちそうしてあげた。
기분이 좋아서 동생에게 저녁을 사 줬다.

子どもたちに家の中を見学させてあげた。
아이들에게 집안을 구경 시켜 줬다.

⓭ 〜してもらった　〜아 / 어 줬다

※「〜してくれた」という表現になります。

彼氏にごちそうしてもらった。	남자 친구가 밥을 사 줬다.
教えてもらった。	가르쳐 줬다.
夫に財布を持って来てもらった。	남편이 지갑을 가져와 줬다.
書類を持って行ってもらった。	서류를 가져가 줬다.
親切な人が道を教えてくれた。	친절한 사람이 길을 가르쳐 줬다.
ガイドに博物館を案内してもらった。	안내원이 박물관을 안내해 줬다.
作業員に故障を直してもらった。	작업원이 고장을 고쳐 줬다.
倉庫の中を見せてもらった。	창고 안을 구경 시켜 줬다.
弟に代わりに注文してもらった。	남동생이 대신에 주문시켜 줬다.

もう少し詳しく書いてみる

彼氏に豪華なコース料理をごちそうしてもらった。
남자 친구가 근사한 코스 요리를 사 줬다.

留学生に韓国語を基礎から教えてもらった。
　유학생이 한국어를 기초부터 가르쳐 줬다.

同僚に取引先へ書類を持って行ってもらった。
　동료가 거래처로 서류를 가져가 줬다.

⑭ 〜していただいた　→　〜아/어 주셨다

※「〜してくださった」という表現になります。

先輩におごっていただいた。	선배가 사 주셨다.
とても盛大にもてなしていただいた。	아주 크게 대접해 주셨다.
先生に教えていただいた。	선생님이 가르쳐 주셨다.
わざわざ来ていただいた。	일부러 와 주셨다.
遠くまで行ってくださった。	멀리까지 가 주셨다.

もう少し詳しく書いてみる

先生に基礎からひとつひとつ教えていただいた。
　선생님이 기초부터 하나하나 가르쳐 주셨다.

お忙しいなかわざわざ来ていただいた。
　바쁘신 와중에 일부러 와 주셨다.

私のために遠くまで行ってくださった。
　나를 위해서 멀리까지 가 주셨다.

⑮ ～させた ～게 했다 / ～시켰다 / ○○를(을) 시켰다

後輩をこっちに来させた。	후배를 이쪽으로 오게 했다.
現地に行かせた。	현지에 가게 했다.
後輩にレポートを書かせた。	후배에게 리포트를 쓰게 했다.
ワインリストを持って来させた。	와인 리스트를 가져오게 했다.
ケンカをやめさせた。	싸움을 그만두게 했다.

隊員たちをすぐ出動させた。	대원들을 바로 출동시켰다.
報告書の誤字を修正させた。	보고서의 오타를 수정시켰다.
権利を譲渡させた。	권리를 양도시켰다.
出前をさせた (→出前を頼んだ)。	배달 시켰다.

学生に宿題をさせた。	학생에게 숙제를 시켰다.
娘に本を朗読させた。	딸에게 책 낭독을 시켰다.
パーティの準備をさせた。	파티 준비를 시켰다.
お使いをさせた。	심부름을 시켰다.
チームのメンバーに下見をさせた。	팀원들에게 사전 답사를 시켰다.

> もう少し詳しく書いてみる

うまく説得してケンカをやめさせた。
　잘 설득해서 싸움을 그만두게 했다.

営業担当者を現地に行かせた。
　영업 담당자를 현지에 가게 했다.

寿司の出前を頼んだ。
　초밥을 배달 시켰다.

息子にお使いをさせた。
　아들에게 심부름을 시켰다.

子どもたちにハロウィンパーティの準備をさせた。
　아이들에게 핼로윈 파티 준비를 시켰다.

⑯ ○○を作った → ○○를(을) 만들었다

料理を作った。	요리를 만들었다.
服を作った。	옷을 만들었다.
犬小屋を作った。	개집을 만들었다.
棚を作った。	선반을 만들었다.
企画書を作った。	기획서를 만들었다.
案内状を作った。	안내장을 만들었다.
ホームページを作った。	홈페이지를 만들었다.
名刺を作った。	명함을 만들었다.
詩集を作った。	시집을 만들었다.
作品を作った。	작품을 만들었다.
友達を作った。	친구를 만들었다.
同好会を作った。	동호회를 만들었다.
会社を作った。	회사를 만들었다.
思い出を作った。	추억을 만들었다.
機会を作った。	기회를 만들었다.
歴史を作った。	역사를 만들었다.

> もう少し詳しく書いてみる

レシピを見ながら韓国料理を作った。
리시피를 보면서 한국 요리를 만들었다.

徹夜して企画書を作った。
밤을 새서 기획서를 만들었다.

ファンクラブで友達を作った。
팬클럽에서 친구를 만들었다.

自分でデザインして名刺を作った。
스스로 디자인해서 명함을 만들었다.

二人でいい思い出を作った。
둘이서 좋은 추억을 만들었다.

⓱ ○○をなくした → ○○를(을) 잃었다

カードをなくした。	카드를 잃었다.
財布をなくした。	지갑을 잃었다.
チケットをなくした。	티켓을 잃었다.
友達をなくした。	친구를 잃었다.
記憶をなくした。	기억을 잃었다.
自覚をなくした。	자각을 잃었다.
道を見失った(=道に迷った)。	길을 잃었다.

もう少し詳しく書いてみる

お客さんのうちの一人が航空チケットをなくした。
　손님 중에 한 명이 항공 티켓을 잃었다.

お酒に酔って記憶をなくした。
　술에 취해서 기억을 잃었다.

知らない街で道に迷った。
　모르는 동네에서 길을 잃었다.

⑱ ○○をなくしてしまった　○○를(을) 잃어버렸다

指輪をなくしてしまった。　　반지를 잃어버렸다.

書類をなくしてしまった。　　서류를 잃어버렸다.

メモをなくしてしまった。　　메모를 잃어버렸다.

信頼をなくしてしまった。　　신뢰를 잃어버렸다.

自信をなくしてしまった。　　자신을 잃어버렸다.

もう少し詳しく書いてみる

大事にしていた指輪をなくしてしまった。
　아끼던 반지를 잃어버렸다.

住所を書いたメモをなくしてしまった。
　주소를 적어 놓은 메모를 잃어버렸다.

一度失敗して自信をなくしてしまった。
　한번 실패해서 자신을 잃어버렸다.

⓲ ○○を見つけた　➡ 찾았다

指輪を見つけた。	반지를 찾았다.
カバンを見つけた。	가방을 찾았다.
資料を見つけた。	자료를 찾았다.
家を見つけた。	집을 찾았다.
席を見つけた。	자리를 찾았다.
辞典で見つけた。	사전에서 찾았다.
検索して見つけた。	검색해서 찾았다.

もう少し詳しく書いてみる

なくした指輪をついに見つけた。
　잃어버린 반지를 드디어 찾았다.

図書館でいい資料を見つけた。
　도서관에서 좋은 자료를 찾았다.

ちょうど空いた席を見つけた。
　마침 빈 자리를 찾았다.

⑳ ○○を忘れた ▶ ○○를(을) 잊었다

予約を忘れた。	예약을 잊었다.
電話するのを忘れた。	전화하는 것을 잊었다.
連絡するのを忘れた。	연락하는 것을 잊었다.
伝えるのを忘れた。	전해 주는 것을 잊었다.
砂糖を買うのを忘れた。	설탕을 사는 것을 잊었다.
新聞を読むのを忘れた。	신문을 읽는 것을 잊었다.
ドラマを見るのを忘れた。	드라마를 보는 것을 잊었다.

もう少し詳しく書いてみる

忙しくて橋本さんに電話するのを忘れた。
　바빠서 하시모토 씨에게 전화하는 것을 잊었다.

うっかりして堺さんに連絡するのを忘れた。
　깜박해서 사카이 씨에게 연락하는 것을 잊었다.

早く家に帰ろうと砂糖を買うのを忘れた。
　빨리 집에 가려고 설탕을 사는 것을 잊었다.

㉑ ○○を忘れてしまった ○○를(을) 잊어버렸다

電話番号を忘れてしまった。　　　전화 번호를 잊어버렸다.

顔を忘れてしまった。　　　　　　얼굴을 잊어버렸다.

宿題を忘れてしまった。　　　　　숙제를 잊어버렸다.

約束を忘れてしまった。　　　　　약속을 잊어버렸다.

確認するのを忘れてしまった。　　확인하는 것을 잊어버렸다.

キャンセルするのを忘れてしまった。　취소하는 것을 잊어벼렸다.

薬を飲むのを忘れてしまった。　　약을 먹는 것을 잊어버렸다.

データを保存するのを忘れて　　　데이터를 저장하는 것을 잊어
しまった。　　　　　　　　　　　버렸다.

もう少し詳しく書いてみる

あまりにも会わなかったのでおいの顔を忘れてしまった。
　　하도 안 만나서 조카 얼굴을 잊어버렸다.

日にちを勘違いしてキャンセルするのを忘れてしまった。
　　날짜를 잘못 생각해서 취소하는 것을 잊어버렸다.

あわてて出かけようとしてデータを保存するのを忘れてしまった。
　　갑자기 나오느라 데이터를 저장하는 것을 잊어버렸다.

22 ～てしまった　～아(어) 버렸다

階段で転んでしまった。	계단에서 넘어져 버렸다.
指を切ってしまった。	손가락을 베어 버렸다.
秘密を言ってしまった。	비밀을 말해 버렸다.
行動してしまった。	행동해 버렸다.
ファイルを開けてしまった。	파일을 열어 버렸다.
実験に失敗してしまった。	실험에 실패해 버렸다.
家に帰ってしまった。	집에 가 버렸다.
とても遠くへ行ってしまった。	아주 멀리 가 버렸다.
ついにここまで来てしまった。	드디어 여기까지 와 버렸다.
妹を泣かせてしまった。	여동생을 울려 버렸다.
兄を怒らせてしまった。	오빠를 화나게 만들어 버렸다.
友人を傷つけてしまった。	친구에게 상처를 주어 버렸다.
全部あげてしまった。	다 줘 버렸다.
全部食べてしまった。	다 먹어 버렸다.
全部覚えてしまった。	다 외워 버렸다.

PART 2 したこと

もう少し詳しく書いてみる

包丁で指を切ってしまった。
식칼에 손가락을 베어 버렸다.

何も考えずに行動してしまった。
아무 생각 없이 행동해 버렸다.

彼女が怒って家に帰ってしまった。
여자 친구가 화나서 집에 가 버렸다.

持っていた漫画本を全部あげてしまった。
가지고 있던 만화책을 다 줘 버렸다.

子どもがお菓子を全部食べてしまった。
아이가 과자를 다 먹어 버렸다.

㉓ ○○を楽しんだ → ○○를(을) 즐겼다

スポーツを楽しんだ。	스포츠를 즐겼다.
ショッピングを楽しんだ。	쇼핑을 즐겼다.
読書を楽しんだ。	독서를 즐겼다.
会話を楽しんだ。	대화를 즐겼다.
お酒を楽しんだ。	술을 즐겼다.
釣りを楽しんだ。	낚시를 즐겼다.

もう少し詳しく書いてみる

明洞に行ってショッピングを楽しんだ。
 명동에 가서 쇼핑을 즐겼다.

親しい友達との会話を楽しんだ。
 친한 친구들과의 대화를 즐겼다.

雰囲気のいい店でおいしい料理とお酒を楽しんだ。
 분위기 좋은 가게에서 맛이 있는 음식과 술을 즐겼다.

Chapter 3

シーンから探して書いてみる

PART 1
日々のこと

❶ 睡眠・起床

早く寝た。	일찍 잤다.
遅く寝た。	늦게 잤다.
12時ごろ寝た。	12시쯤에 잤다.
徹夜した。	밤을 샜다.
遅くまで起きていた。	늦게까지 안 잤다.
遅くまで寝ていた。	늦게까지 자고 있었다.
5時半に目が覚めた。	5시 반에 깼다.
8時ごろ起きた。	8시쯤에 일어났다.
いつもより早く起きた。	평소보다 일찍 일어났다.
いつもより遅く起きた。	평소보다 늦게 일어났다.
6時間寝た。	6시간 잤다.
ぐっすり寝た。	푹 잤다.
あまり寝ていない。	별로 못 잤다.
寝不足だ。	수면 부족이다.
なかなか寝付けなかった。	좀처럼 잠이 안 왔다.
夜中に目が覚めた。	밤중에 깼다.

電話の音で目が覚めた。	전화 소리에 깼다.
寝過してしまった。	못 일어났다.
昼寝をした。	낮잠을 잤다.
一睡もできなかった。	한숨도 못 잤다.
一日じゅう、あくびばかりしていた。	하루 종일 하품만 나왔다.
会議中にうとうとした。	회의 중에 졸았다.
何もせずにゴロゴロした。	아무것도 안하고 딩굴딩굴했었다.
寝違えた。	잘못 자서 목이 아프다.
良い夢をみた。	좋은 꿈을 꾸었다.
悪い夢をみた。	안 좋은 꿈을 꾸었다.
夢にイ・ミンギが出てきた。	꿈에 이민기가 나왔다.
悪夢にうなされた。	악몽에 시달렸다.
風邪を引いて一日じゅう寝ていた。	감기에 걸려서 하루 종일 누워 있었다.

❷ 身じたく

洗顔した。	세수했다.
顔を洗った。	얼굴을 씻었다.
手をきれいに洗った。	손을 깨끗이 씻었다.
髪を洗った。	머리를 감았다.
髪を乾かした。	머리를 말렸다.
髪をとかした。	머리를 빗었다.
うがいした。	양치질을 했다.
歯を磨いた。	이를 닦았다.
コンタクトをつけた。	렌즈를 꼈다.
メガネをかけた。	안경을 꼈다.
化粧をした。	화장을 했다.
化粧を落とした。	화장을 지웠다.
ネックレスをした。	목걸이를 했다.
服を選んだ。	옷을 골랐다.
服を着た。	옷을 입었다.
手袋をした。	장갑을 꼈다.
マフラーをした。	목도리를 맸다.
持っていくものを準備した。	가져갈 것을 준비했다.
財布をカバンに入れた。	지갑을 가방에 넣었다.

③ 通勤・通学

6時に家を出た。	6시에 집을 나갔다.
6時38分に電車に乗った。	6시 38분에 전철을 탔다.
バスに乗り遅れた。	버스를 놓쳤다.
事故で地下鉄が30分遅れた。	사고로 지하철이 30분 늦게 왔다.
自転車がパンクした。	자전거가 펑크 났다.
父に駅まで送ってもらった。	아버님이 역까지 바래다 주셨다.
娘が車で迎えに来てくれた。	딸이 차로 마중 나와 주었다.
学校に遅刻した。	학교에 지각했다.
ぎりぎり着いた。	겨우 제시간에 도착했다.
満員電車は本当にいやだ。	만원 전철은 정말 싫다.
ひどく道が混んでいた。	길이 심하게 막혔다.
定期券を家に忘れた。	정기권을 집에 두고 왔다.
学校の帰りにマクドナルドに寄った。	학교에서 오는 길에 맥도날드에 들렀다.
会社帰りに一杯やった。	회사에서 오는 길에 한잔했다.
雨に濡れた。	비를 맞았다.

❹ 職場生活

いつもより早く出勤した。	평소보다 일찍 출근했다.
15分遅刻した。	15분 지각했다.
取引先に寄って行った。	거래처에 들렀다가 갔다.
いつもより忙しかった。	평소보다 바빴다.
いつもより暇だった。	평소보다 한가했다.
重要な会議があった。	중요한 회의가 있었다.
会議が長引いた。	회의가 길어졌다.
プレゼンの準備をした。	프레젠테이션 준비를 했다.
プレゼンがうまくいった。	프레젠테이션이 잘 끝났다.
大きなミスをした。	큰 실수를 했다.
契約が成立した。	계약이 성립됐다.
問い合わせの電話を受けた。	문의 전화를 받았다.
苦情の電話を受けた。	항의 전화를 받았다.
新しいプロジェクトのメンバーになった。	새로운 프로젝트의 멤버가 됐다.
うちの部署に新入社員が入ってきた。	우리 부서에 신입 사원이 들어왔다.

売上がよかった。	매상이 좋았다.
在庫がなくなった。	재고가 없어졌다.
お客さんが多かった。	손님이 많았다.
お客さんがあまりいなかった。	손님이 별로 없었다.
忙しくてお昼を食べられなかった。	바빠서 점심을 못 먹었다.
仕事がうまくいかなくてイライラした。	일이 잘 안 돼서 짜증이 났다.
取引先から直帰した。	거래처에서 직접 집에 갔다.
調子が悪くて早退した。	몸 상태가 안 좋아서 조퇴했다.
定時に退社した。	정시에 퇴근했다.
2時間残業した。	2시간 잔업을 했다.
仕事が全部終わらなかった。	일이 다 안 끝났다.

❺ 学校・勉強

宿題をやって来なくて先生に怒られた。	숙제를 안 해 와서 선생님한테 혼났다.
社会学の授業が休講になった。	사회학 수업이 휴강이 됐다.
お弁当を家に忘れた。	도시락을 집에 두고 왔다.
調理実習をした。	요리 실습을 했다.
休み時間にサッカーをした。	휴식 시간에 축구를 했다.
図書館で宿題をした。	도서관에서 숙제를 했다.
明日の授業の予習をした。	내일 수업의 예습을 했다.
今日の授業の復習をした。	오늘 수업의 복습을 했다.
英単語を暗記した。	영어 단어를 암기했다.
塾に行った。	학원에 갔다.
7時に家庭教師の先生が来た。	7시에 과외 선생님이 왔다.
辞書を引いて調べた。	사전으로 찾았다.
論文を書いた。	논문을 썼다.
セミナーに参加した。	세미나에 참가했다.

❻ プライベートタイム

カナとおしゃべりをした。	가나와 수다를 떨었다.
後輩とお茶をした。	후배와 차를 마셨다.
音楽をダウンロードした。	음악을 다운 받았다.
ジムに行って運動した。	헬스장에 가서 운동했다.
映画を見に行った。	영화를 보러 갔다.
コンサートに行った。	콘서트에 갔다.
カラオケに行った。	노래방에 갔다.
海に遊びに行った。	바다로 놀러 갔다.
街を散歩した。	동네를 산책했다.
ドライブをした。	드라이브를 했다.
写真を撮った。	사진을 찍었다.
プリクラを撮った。	스티커 사진을 찍었다
釣りに行った。	낚시하러 갔다.
市民農園に行って作業をした。	시민농원에 가서 작업을 했다.
同僚たちとお花見をした。	동료들과 벚꽃놀이를 했다.
ネットショッピングを楽しんだ。	인터넷 쇼핑을 즐겼다.

3D テレビを買いに行った。	3D 텔레비전을 사러 갔다.
家族でゲームをした。	가족끼리 게임을 했다.
美容院でパーマをかけた。	미용실에서 파마를 했다.
1ヵ月ぶりに洗車した。	한 달 만에 세차를 했다.
靴を磨いた。	구두를 닦았다.
部屋を掃除した。	방 청소를 했다.
DVDを借りた。	DVD를 빌렸다.
カーテンを換えた。	커튼을 바꿨다.
部屋の模様替えをした。	방의 가구 배치를 바꿨다.
俳句を作った。	하이쿠를 지었다.
ケーキを作った。	케이크를 만들었다.
ピアノの練習をした。	피아노 연습을 했다.
アルバイトをした。	아르바이트를 했다.

❼ 見たもの・きいたもの・読んだもの

映画館で最新映画を見た。	극장에서 최신영화를 봤다.
たまっていたDVDを全部見た。	쌓아 놓았던 DVD를 다 봤다.
テレビで時代劇を見た。	TV로 사극을 봤다.
花火を見に行った。	불꽃놀이를 보러 갔다.
朝ドラが見られなかった。	아침 드라마를 못 봤다.
ラジオを聞いた。	라디오를 들었다.
一日じゅう、iPodで音楽を聴いていた。	하루 종일 iPod로 음악을 듣고 있었다.
BIGBANGのアルバムを聴いた。	빅뱅의 앨범을 들었다.
吉田さんの噂を聞いた。	요시다 씨 소문을 들었다.
初恋の人が結婚したという消息を聞いた。	첫사랑이 결혼했다는 소식을 들었다.
新聞を読んだ。	신문을 읽었다.
ネットでニュースを読んだ。	인터넷으로 뉴스를 읽었다.
ファッション雑誌を読んだ。	패션 잡지를 읽었다.
韓国語の原文を読んでみた。	한국어 원문을 읽어 봤다.
上司の表情を読んだ。	상사의 표정을 읽었다.

❽ 体調

元気だ。	잘 있다.
爽快だ。	상쾌하다.
気分がいい。	기분이 좋다.
体の調子がいい。	몸 상태가 좋다.
すごくだるい。	몹시 고단하다.
気持ちが悪い。	속이 안 좋다.
熱がある。	열이 있다.
鼻水が出た。	콧물이 나왔다.
くしゃみが止まらない。	재채기가 멈추지 않는다.
咳が出る。	기침이 난다.
のどが痛い。	목이 아프다.
耳鳴りがする。	귀가 울린다.
目が疲れている。	눈이 피곤하다.
花粉症になった。	꽃가루 알레르기가 생겼다.
お腹が痛い。	배가 아프다.
頭が痛い。	머리가 아프다.
腰が痛い。	허리가 아프다.

歯が痛い。	이가 아프다.
ひざが痛い。	무릎이 아프다.
足首をくじいた。	발목을 뺐다.
二日酔いだ。	숙취가 있다.
下痢だ。	설사가 났다.
下痢がおさまった。	설사가 멈췄다.
便秘だ。	변비가 있다.
生理痛だ。	생리통이 있다.
筋肉痛だ。	근육통이 있다.
発疹が出た。	발진이 생겼다.
食欲がない。	식욕이 없다.
ストレスがたまっている。	스트레스가 쌓였다.
風邪を引いた。	감기에 걸렸다.
熱中症になった。	열사병에 걸렸다.
医者に診てもらった。	의사에게 가서 진찰을 받았다.
注射を打ってもらった。	주사를 맞았다.
点滴を打ってもらった。	링거 주사를 맞았다.

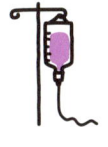

抗生物質をもらった。	항생제를 받았다.
薬を飲んだ。	약을 먹었다.
薬が効かない。	약효가 없다.

❾ ダイエット・健康

体重が増えた。	몸무게가 늘었다.
体重が減った。	몸무게가 줄었다.
身長が伸びた。	키가 컸다.
お腹が出てきた。	배가 나왔다.
運動しないといけない。	운동해야 한다.
体を鍛えなくてはいけない。	몸을 단련해야 한다.
塩分を控えなくてはいけない。	염분을 삼가야 한다.
飲みすぎないように気をつけなくてはいけない。	과음하지 않도록 주의해야 된다.
ダイエットを始めた。	다이어트를 시작했다.
ダイエット10日目	다이어트 10 일째
1週間で2キロやせた。	일주일에 2 킬로 빠졌다.
ヨガ教室に通いはじめた。	요가교실에 다니기 시작했다.
スポーツクラブに行った。	헬스클럽에 갔다.
家の近所を散歩した。	집 근처를 산책했다.
軽くジョギングした。	가볍게 조깅을 했다.
1時間泳いだ。	한 시간 수영했다.

⑩ まさかのこと

交通事故に遭った。	교통 사고를 당했다.
交通事故を目撃した。	교통 사고를 목격했다.
震度3の地震が起きた。	진도 3의 지진이 발생했다.
家の近くで火事が起きた。	집 근처에서 불이 났다.
洪水が起きた。	홍수가 났다.
水害が出た。	수해가 났다.
事務所に泥棒が入った。	사무실에 도둑이 들어왔다.
強盗事件が起きた。	강도 사건이 일어났다.
カバンを盗まれた。	가방을 도둑 맞았다.
地下鉄の中でスリに遭った。	지하철 안에서 소매치기를 당했다.
知り合いが詐欺に遭った。	아는 사람이 사기를 당했다.
痴漢に遭った。	치한을 만났다.
セクハラをされた。	성희롱을 당했다.
転んで足をケガした。	넘어져서 다리를 다쳤다.
お葬式に行った。	장례식에 갔다.

PART 2
気持ちや感想

❶ 食べ物の感想

おいしかった。	맛이 있었다.
すごくおいしかった。	아주 맛이 있었다.
おいしくなかった。	맛이 없었다.
見た目よりおいしかった。	보기보다 맛이 있었다.
思っていたよりおいしくなかった。	생각보다 맛이 없었다.
うわさどおりの味だった。	소문대로의 맛이었다.
甘かった。	달았다.
甘すぎた。	너무 달았다.
ちょっと辛かった。	좀 매웠다.
子どもには苦かった。	아이에게는 썼다.
酸っぱくて食べられなかった。	시어서 못 먹었다.
あぶらっぽかった。	기름기가 많았다.
あっさりしていた。	담백했다.
また食べたい。	더 먹고 싶다.
二度と食べたくない。	두 번 다시 먹고 싶지 않다.
ほっぺたが落ちそう（二人で食べていて一人が死んでも気づかない）。	둘이 먹다가 하나가 죽어도 모른다.

❷ 買ったものの感想

デザインが気に入った。	디자인이 마음에 들었다.
価格が気に入らなかった。	가격이 마음에 안 들었다.
いい買い物をした。	잘 샀다.
買ってよかった。	사기 잘했다.
買わなければよかった。	안 샀으면 좋았다.
もう一つ買っておけばよかった。	하나 더 살 걸.
馬子にも衣装だ（服は翼だ）。	옷이 날개다.
私によく似合う。	나에게 잘 어울린다.
私にはあまり似合わない。	나에게는 별로 안 어울린다.
色がきれいだ。	색깔이 예쁘다.
柄がカワイイ。	무늬가 귀엽다.
ちょっと大きかった。	좀 컸다.
ちょっと小さかった。	좀 작았다.
サイズがぴったりだった。	사이즈가 딱 맞았다.

❸ 本や映画の感想

おもしろかった。	재미있었다.
泣けた（涙が出た）。	눈물이 났다.
笑えた。	웃겼다.
とてもよかった。	너무 좋았다.
感動した。	감동했다.
いい話だった。	좋은 이야기였다.
つまらない話だった。	재미없는 이야기였다.
難しい話だった。	어려운 이야기였다.
興味深い内容だった。	흥미로운 내용이었다.
内容がなかった。	내용이 없었다.
期待どおりだった。	기대에 어긋나지 않았다.
期待はずれだった。	기대에 어긋났다.
時間の無駄だった。	시간 낭비였다.
とてもお勧めだ。	적극 추천할 만하다.
また見たい。	다시 보고 싶다.
もう一度読んでみたい。	다시 한번 읽어 보고 싶다.

❹ スポーツやイベントの感想

楽しかった。	즐거웠다.
退屈だった。	심심했다.
思ったよりよかった。	생각보다 좋았다.
勝った。	이겼다.
負けた。	졌다.
引き分けた。	무승부였다.
すごかった。	대단했다.
雰囲気が熱かった。	분위기가 뜨거웠다.
熱狂した。	열광했다.
セットが華やかだった。	무대 장치가 화려했다.
日に焼けた。	햇볕에 탔다.
たくさん汗をかいた。	땀을 많이 흘렸다.
またやってみたい。	더 하고 싶다.
また行きたい。	다시 가고 싶다.
もう二度とやりたくない。	두번 다시 안 하고 싶다.
もう二度と行きたくない。	두번 다시 안 가고 싶다.

❺ 人物に関する感想（外見）

カッコよかった。	멋이 있었다.
美人だった。	미인이었다.
かわいかった。	귀여웠다.
魅力的だった。	매력적이었다.
背が高かった。	키가 컸다.
背が低かった。	키가 작았다.
おしゃれだった。	멋쟁이었다.
センスがよかった。	센스가 좋았다.
まじめそうだった。	정직하게 보였다.
スタイルがよかった。	스타일이 좋았다.
目が大きかった。	눈이 컸다.
色白だった。	피부가 하얬다.
女優みたいだった。	여배우 같았다.
はっきりした顔立ちだった。	뚜렷한 얼굴이었다.
イケメンだった。	꽃미남이었다.
がっちりした体格だった。	몸짱이었다.
きゃしゃだった。	날씬했다.
福々しかった。	복스럽게 생겼다.

❻ 人物に関する感想 (中身)

性格がよかった。	성격이 좋았다.
性格がキツかった。	성격이 까칠했다.
一緒にいて楽しかった。	같이 있어서 즐거웠다.
一緒にいてつまらなかった。	같이 있어서 재미없었다.
愛きょうがあった。	애교가 있었다.
無愛想だった。	애교가 없었다.
気さくな人だった。	편한 사람이었다.
ユーモアのある人だった。	유머 감각이 뛰어난 사람이었다.
ユーモアのない人だった。	유머 감각이 없는 사람이었다.
腰の低い人だった。	겸손한 사람이었다.
傲慢な人だった。	거만한 사람이었다.
生意気なヤツだった。	건방진 놈이었다.
ヘンな人だった。	이상한 사람이었다.
落ち着いた人だった。	차분한 사람이었다.
品があった。	품위가 있었다.
品がなかった。	품위가 없었다.

話しやすかった。	말하기 편했다.
話しにくかった。	말하기 어려웠다.
いい人だった。	좋은 사람이었다.
よくない人だった。	안 좋은 사람이었다.
性格が悪そうだった。	성격이 나쁘게 생겼다.
おしゃべりな人だった。	말이 많은 사람이었다.
寡黙な人だった。	과묵한 사람이었다.
信頼できそうな人だった。	믿을 만한 사람인 것 같았다.
声が大きかった。	목소리가 컸다.
声が小さかった。	목소리가 작았다.
声がきれいだった。	목소리가 예뻤다.
ステキな人だった。	멋진 사람이었다.

❼ できばえ・結果

うまくいった。	잘 됐다.
うまくいかなかった。	잘 안 됐다.
成功した。	성공했다.
失敗した。	실패했다.
簡単だった。	쉬웠다.
朝飯前だった（冷めたお粥を食べる）。	식은 죽 먹기였다.
難しかった。	어려웠다.
複雑だった。	복잡했다.
苦労した。	고생했다.
満足した。	만족했다.
満足できなかった。	만족 못 했다.
不満だ。	불만이다.
気に入った。	마음에 들었다.
気に入らなかった。	마음에 안 들었다.
やりがいがあった。	보람이 있었다.
やりがいがなかった。	보람이 없었다.

努力したかいがあった。	노력한 보람이 있었다.
いい一日だった。	좋은 하루였다.
よくない一日だった。	안 좋은 하루였다.
いい出会いだった。	좋은 만남이었다.
よくない出会いだった。	안 좋은 만남이었다.
いい経験だった。	좋은 경험이었다.
よくない経験だった。	안 좋은 경험이었다.
幸運だった。	행운이었다.
運がよかった。	운이 좋았다.
運が悪かった。	운이 안 좋았다.
すばらしかった。	훌륭했다.
感動的だった。	감동적이었다.

❽ 喜怒哀楽

うれしかった。	기뻤다.
すごくうれしかった。	너무 기뻤다.
うれしくて涙が出た。	기뻐서 눈물이 나왔다.
最高！	최고!
万歳！	만세!
夢みたいだ。	꿈 같아.
夢がかなった。	꿈이 이루어졌다.
腹が立った。	화가 났다.
イライラした。	짜증이 났다.
悲しかった。	슬펐다.
とても悲しかった。	너무 슬펐다.
泣きたい。	울고 싶다.
一晩じゅう泣いた。	밤새 울었다.
がっかりした。	실망했다.
彼にはがっかりした。	그 사람한테는 실망했다.
残念だ。	아쉽다.

むなしい。	허무하다.
つらかった。	힘들었다.
憂鬱だ。	우울하다.
よかった。	좋았다.
あまりよくなかった。	별로 좋지 않았다.
まあまあだった。	그저 그랬다.
ひどかった。	너무했다.
悪かった。	안 좋았다.
楽しかった。	즐거웠다.
おもしろかった。	재미있었다.
つまらなかった。	재미없었다.
疲れた。	피곤했다.
静かだった。	조용했다.
うるさかった。	시끄러웠다.

❾ 驚き

驚いた。	놀랐다.
びっくりした。	깜짝 놀랐다.
ああびっくりした！	깜짝이야!
肝をつぶした。	간이 떨어졌다.
呆然とした。	멍했다.
あきれた。	어이가 없었다.
信じられなかった。	믿을 수 없었다.
本当？	정말?
まさか！	설마!
なぜ？	왜?
不思議だ。	신기해.
なんだかヘンだ。	왠지 이상해.
どうしてそんなことをしたんだろう？	왜 그랬을까?
なんてこと！	아이고!

⑩ 安心・不安

ほっとした。	한숨 놓았다.
安心した。	안심했다.
気が楽になった。	마음이 가벼워졌다.
これで大丈夫。	이제 괜찮아.
不安だ。	불안하다.
心配だ。	걱정이다.
緊張した。	긴장했다.
緊張が解けた。	긴장이 풀렸다.
怖かった。	무서웠다.
逃げ出したかった。	도망치고 싶었다.
気になって仕方がない。	자꾸 마음에 걸린다.
寂しい。	외로워.
癒されたい。	위로 받고 싶다.

⓫ 後悔

後悔している。	후회하고 있다.
後悔はしていない。	후회는 안 하고 있다.
いまさら後悔しても仕方がない。	이제 와서 후회해도 소용이 없다.
謝りたい。	사과하고 싶다.
あんなことを言わなければよかった。	그런 말 안 했으면 좋았다.
親切にすべきだった。	잘 해 줄 걸.
行くべきだった。	갈 걸.
言うべきだった。	말할 걸.
後のまつりだ（行列が過ぎたあとのラッパだ）。	행차 후의 나팔이다.
後悔先に立たず（後悔莫及）。	후회 막급.

⑫ 残念なできごと

面接試験で落ちた。	면접 시험에 떨어졌다.
書類を書きなおす破目になった。	서류를 다시 작성하게 됐다.
契約を取り消された。	계약 취소를 당했다.
今月も赤字だ。	이번달도 적자다.
彼女にふられた。	여자 친구한테 차였다.
友達にすっぽかされた。	친구한테 바람을 맞았다.
ダイエットに失敗した。	다이어트에 실패했다.
田中さんが入院した。	다나카 씨가 입원했다.
サチコのお母さんが亡くなった。	사치코의 어머님이 돌아가셨다.
テツヤとリナが別れた。	데쓰야와 리나가 헤어졌다.
カオリが離婚した。	가오리가 이혼했다.
携帯をなくしてしまった。	휴대폰을 잃어버렸다.
パソコンが壊れた。	컴퓨터가 고장났다.
店員の態度が悪かった。	점원의 태도가 나빴다.
スピード違反の切符を切られた。	속도 위반으로 딱지를 떼었다.
同窓会に行けなかった。	동창회에 못 갔다.

⓭ うれしいできごと

ボーナスが出た。	보너스가 나왔다.
給料が上がった。	월급이 올랐다.
企画が通った。	기획안이 통과되었다.
契約がとれた。	계약을 땄다.
今月は黒字だ。	이번달은 흑자다.
上司にほめられた。	상사한테 칭찬을 받았다.
昼食代が浮いた。	점심값을 벌었다.
おいしいものを思いっきり食べた。	맛이 있는 음식을 마음껏 먹었다.
宝くじに当たった。	복권에 당첨됐다.
1万円のギフト券が当たった。	만 엔짜리 상품권이 당첨됐다.
ミワコが男の子を出産した。	미와코가 아들을 낳았다.
後藤さんが退院した。	고토 씨가 퇴원했다.
孫が遊びにきた。	손자가 놀러 왔다.
娘が婚約した。	딸이 약혼했다.
彼氏ができた。	남자 친구가 생겼다.

PART 2　気持ちや感想

デートに誘われた。	데이트 신청을 받았다.
思ってもみなかったプレゼントをもらった。	예상치도 못했던 선물을 받았다.
髪型をほめられた。	머리 스타일을 칭찬 받았다.
初めて着物を着てみた。	처음으로 기모노를 입어 봤다.
目をつけていたバッグが半額になっていた。	찍어 놓았던 가방이 반값이 되어 있었다.
空港でソ・ジソプを見かけた。	공항에서 소지섭을 봤다.
面接試験がうまくいった。	면접 시험을 잘 봤다.
韓国語検定4級に合格した。	한국어 검정시험 4급에 합격했다.
パソコンが使えるようになった。	컴퓨터를 쓸 수 있게 됐다.
駅までの近道を見つけた。	역까지 가는 지름길을 발견했다.
ブログにうれしいコメントがアップされていた。	블로그에 기분이 좋은 코멘트가 올라 와있었다.
星空がとてもきれいだった。	별 하늘이 너무나 아름다웠다.
春風が吹きはじめた。	봄바람이 불기 시작했다.
草木が芽吹きはじめた。	초목이 싹트기 시작했다.

Ⅲ シーン別表現集

⑭ 自分への言葉

よくやった。	잘 했어.
すばらしい。	훌륭해.
すごい。	대단해.
元気をだして！	힘 내!
ファイト！	파이팅!
集中して！	집중해!
よく考えて！	잘 생각해!
よく聞いて！	잘 들어!
よく見て！	잘 봐!
肩の力を抜いて！	어깨 힘을 빼!
なんとかなるさ。	어떻게든 될 거야.
大丈夫。	괜찮아.
大丈夫、うまくいくから。	괜찮아, 잘 될 거야.
心配しないで。	걱정하지 마.
仕方がないよ。	어쩔 수 없어.
あきらめるな。	포기하지 마.

自信をもって。	자신을 가져.
一生懸命やろうよ。	열심히 하자.
私ならできる。	나는 할 수 있다.
のんびりやればいい。	천천히 하면 돼.
明日は明日の風が吹く。	내일이 되면 내일의 바람이 또 불 거야.
まだ遅くない。	아직 늦지 않았어.
また始めればいい。	다시 시작하면 돼.

著者紹介

小西 明子 (こにし あきこ)

大学卒業後、出版社に勤務しながら韓国語の勉強を始める。
1996年12月、韓国留学。国立安東大学大学院民族学科修士課程修了。
2000年8月に帰国後は、フリーで編集・翻訳・通訳の仕事をしている。
著書に『手紙・Eメールでよく使う 韓国語表現集』(ベレ出版)がある。

韓国語で手帳をつけてみる

2011年2月25日　　　初版発行

著者	小西　明子
カバーデザイン	竹内 雄二
イラスト	ツダ タバサ
DTP	WAVE 清水 康広

©Akiko Konishi 2011. Printed in Japan

発行者	内田 眞吾
発行・発売	ベレ出版 〒162-0832　東京都新宿区岩戸町12 レベッカビル TEL.03-5225-4790　FAX.03-5225-4795 ホームページ　http://www.beret.co.jp/ 振替 00180-7-104058
印刷	モリモト印刷株式会社
製本	根本製本株式会社

落丁本・乱丁本は小社編集部あてにお送りください。送料小社負担にてお取り替えします。

ISBN 978-4-86064-280-8 C2087　　　　　　編集担当　新谷友佳子

手紙・Eメールでよく使う 韓国語表現集

小西明子 著

A5 並製／定価 1680 円（5% 税込） 本体 1600 円
ISBN978-4-86064-082-8 C2087　■ 256 頁

旅行でお世話になった方や、交流のできた友人に韓国語でももっと気軽に『近況報告』や『季節の便り』、『お礼状』などが書けるよう、シンプルで幅広く活用できる韓国語フレーズを多数収録したのが本書。2000 以上のフレーズの中から書きたい内容のフレーズを組み合わせて書き写すだけで〈きちんとした〉〈気持ちが的確に伝わる〉文章を、気軽に書くことができます。

韓国語会話 パーフェクトブック

崔英伊 著

四六並製／定価 2100 円（5% 税込） 本体 2000 円
ISBN978-4-86064-144-3 C2087　■ 272 頁

日常会話・旅行のあらゆる場面で使う韓国語の会話 3100 フレーズを収録。どれもすぐ使ってみたくなるような普段着の表現ばかりです。時と場合に応じて丁寧な表現とくだけた表現を紹介しています。例文は単独でも組み合わせても使えます。韓国語の基本をマスターして、さらに韓国語会話のバリエーションを増やしたい人にもお薦めです。

韓国語似ている動詞 使い分けブック

河村光雅／盧載玉／梁貞模 著

四六並製／定価 1995 円（5% 税込） 本体 1900 円
ISBN978-4-86064-164-1 C2087　■ 352 頁

文脈に合った正しい語彙を選択できずに間違った文を作ってしまうことがあります。日本語では同じことばになってしまうため、使い分けの難しい韓国語動詞 155 をとりあげます。文の根幹をなす動詞は、その選択を間違えるとまったく意味の通じない文になってしまうほど重要。簡潔な解説・用例・練習問題で使い分ける力を身につける。用例は CD に収録。